INCLUSIFIQUE

INCLUSIFIQUE

Stefanie K. Johnson

Como a **inclusão** e a **diversidade** podem trazer mais inovação à sua empresa

Best-seller do
Wall Street Journal

Tradução
Ada Felix

Benvirá

Copyright © 2020 by Stefanie K. Johnson
Todos os direitos reservados
Título original: *Inclusify: The Power of Uniqueness and Belonging to Build Innovative Teams*

Preparação Paula Carvalho
Revisão Maurício Katayama
Diagramação Edson Colobone
Capa Tiago Dela Rosa
Impressão e acabamento A.R. Fernandez

Dados Internacionais de Catalogação na Publicação (CIP)
Angélica Ilacqua CRB-8/7057

Johnson, Stefanie K.
 Inclusifique : como a inclusão e a diversidade podem trazer mais inovação à sua empresa / Stefanie K. Johnson ; tradução de Ada Felix. – São Paulo: Benvirá, 2020.
 264 p.

Bibliografia
ISBN 978-65-5810-020-1
Título original: INCLUSIFY: The Power of Uniqueness and Belonging to Build Innovative Teams

1. Gestão. 2. Liderança. 3. Ambiente de trabalho. I. Título. II. Felix, Ada.

20-0436

CDD 658.3
CDU 658.005.95/.96

Índice para catálogo sistemático:
1. Gestão

1ª edição, dezembro de 2020 | 6ª tiragem, novembro de 2023

Nenhuma parte desta publicação poderá ser reproduzida por qualquer meio ou forma sem a prévia autorização da Saraiva Educação. A violação dos direitos autorais é crime estabelecido na lei n. 9.610/98 e punido pelo artigo 184 do Código Penal.

Todos os direitos reservados à Benvirá, um selo da Saraiva Educação.
Av. Paulista, 901, 4º andar
Bela Vista - São Paulo - SP - CEP: 01311-100

SAC: sac.sets@saraivaeducacao.com.br

*Para os amores da minha vida, Piet, Katy e Kyle Johnson.
Espero que vocês criem e desfrutem de
um mundo mais inclusivo.*

Sumário

Introdução 11

1 | O poder da singularidade e do pertencimento 23
    Quando todos sabem seu nome: pertencimento 24
    Todo diamante é único: singularidade 28
    Singularidade + pertencimento = inclusão 32

2 | O ABC da superação de vieses 37
    Como estar ciente de algo que é inconsciente? 38
    Temos vieses inconscientes em relação a quase tudo 39
    Ei, mamãe, você acaba de parir um estereótipo 41
    Protótipos 42
    Superando vieses 44

3 | Três lições para seguir o caminho da inclusificação 51
    O caminho da inclusificação 54
    Do viés inconsciente ao viés consciente 54
    Rumo à inclusificação consciente 64

4 | O Gerente Meritocrático 67
    Gerente Meritocrático: origens 67

  A loucura do Gerente Meritocrático 70
  O mito e o erro que movem o gerente meritocrático 72

5 | Estratégias de liderança para Gerentes Meritocráticos 81
  Os méritos da inclusificação 83
  Anonimize as avaliações 84
  Use transparência agressiva 88

6 | O Paladino da Cultura 93
  Paladino da Cultura: origens 93
  A loucura do Paladino da Cultura 96
  O erro e o mito que movem o Paladino da Cultura 99

7 | Estratégias de liderança para Paladinos da Cultura 107
  Inclusifique seus valores e comportamentos culturais (motive) 109
  Aposte em rebeldes (aprenda) 112
  Crie equipes culturais (empodere) 115

8 | O Team Player 119
  Team Player: origens 119
  Mantenha a distância 120
  O erro e o mito que movem o Team Player 125

9 | Estratégias de liderança para Team Players 133
  Briga pelo único espaço 134
  Coloque-se no lugar do outro (tenha empatia) 135
  Incentive a divergência (aprenda) 138
  Alinhe apoiadores com treinamento de intervenção de
  observadores (alinhe) 142

10 | O Cavaleiro Branco 147
  Cavaleiro Branco: origens 147
  A loucura do Cavaleiro Branco 149
  O erro e o mito que movem o Cavaleiro Branco 151

11 | Estratégias de liderança para Cavaleiros Brancos 159
  Salvadores são complexos 160

Compartilhe a Távola Redonda (alinhe)	161
Use o efeito Pigmalião (empodere)	166
Elimine as "tarefas domésticas" (seja justo)	168

12 | O Pastor 171
Pastor: origens 171
A loucura do Pastor 172
O erro e o mito que movem o Pastor 174

13 | Estratégias de liderança para Pastores 183
Conecte redes de amplificação (dê suporte) 186
Ajuste a lente (seja transparente) 187
Ouça o balido (tenha empatia) 190

14 | O Otimista 195
Otimista: origens 195
A loucura do Otimista 198
O erro e o mito que movem o Otimista 201

15 | Estratégias de liderança para Otimistas 207
Voe em frente ao radar (dê suporte) 210
Coloque a positividade em prática (motive) 216

16 | Minha jornada inclusificadora 221
A jovem Stefanie 222
Graduação 223
Doutorado 225
Vida de professora 227
Maternidade e vida 228
Resumindo 229

Agradecimentos 233

Notas 235

Sobre a autora 261

Introdução

Mais um dia, mais um refeitório de empresa. O cenário era típico, os atores eram os mesmos, até o figurino era padrão. Estávamos em um grande edifício bege com fartura de lanchinhos e bebidas energéticas grátis, a especialista de RH vestia um tailleur azul, e eu, sapato preto de salto, calça preta e um blazer mais alegrinho. Mas havia algo de diferente naquele dia de julho de 2016.

Eu estava ali, naquela empresa da Fortune 100, para entrevistar altos executivos e seus subordinados e descobrir o que os melhores líderes faziam para produzir resultados em um ambiente diversificado, parte da minha pesquisa na Leeds School of Business, da Universidade do Colorado, em Boulder. Tinha acabado de chegar a Nova York depois de um longo voo de volta da Holanda, onde estivera a trabalho. Não sabia se meu cérebro, ainda grogue da viagem, estava a todo vapor.

Ao entrar no refeitório, tentei ouvir com atenção a funcionária do RH, que preenchia o vazio com detalhes sobre uma leva de novos programas que a empresa tinha anunciado: pesquisas pulse, mentoria, capacitação de líderes, rodízio de funções.

Naquele momento, no entanto, minha cabeça estava em uma das reuniões que fizera mais cedo. Tinha entrevistado um executivo, Jim, que dissera coisas interessantes sobre sua abordagem para liderar em um meio diversificado. Fiquei impressionada. Até que fui falar com uma pessoa da equipe dele, Tawny, que me contou uma história totalmente diferente: "Até perguntam o que eu acho, mas, no fim, minha opinião nunca conta", dissera. Eu não sabia o que pensar. Será que Jim era um líder ruim? Ou Tawny era daqueles funcionários de baixo rendimento que adoram reclamar? Ou as duas coisas? Havia claramente uma divergência ali. Queria saber mais.

Enquanto pagava por um sanduíche e um pacote de Doritos, o som musical de uma multiplicidade de línguas chegou a meus ouvidos. Ao dar meia-volta, me vi em um recinto repleto de pessoas de todas as idades, raças, gêneros. Não fiquei surpresa com a variedade do pessoal – vivemos em um mundo diverso e estávamos na sede de uma multinacional em Nova York. Mas o que me chamou a atenção naquele dia, embora já tivesse visto o mesmo várias vezes antes, foi que as pessoas, em sua maioria, estavam sentadas em turmas homogêneas. Havia uma mesa de asiáticos, uma de jovens brancas, uma de latinos, uma de brancos já de certa idade, outra só de rapazes brancos.

Aquilo me fez pensar: se à mesa do restaurante estamos todos nos segregando, será que o mesmo não acontece à mesa de reuniões? Já tinha lido, por exemplo, que, quando uma empresa nova é criada, mulheres, pessoas não brancas e mulheres não brancas* tendem a montar times com indivíduos do mesmo grupo que o seu.[1]

No mundo do capital de risco acontece o mesmo: investidores tendem a bancar fundadores que tenham uma experiência parecida com a deles – o que, vale dizer, é perigoso, pois a probabilidade de que uma turma de

---

* No original, "*people of color*" e "*women of color*". Esses termos, ligados ao contexto específico dos EUA, não têm sentido pejorativo em inglês e fazem referência às pessoas não consideradas brancas – ou seja, aquelas de origem africana, asiática, indígena e de outros grupos de minorias étnicas. A tradução literal, "pessoas de cor" e "mulheres de cor", pode ser considerada ofensiva, já que historicamente esses termos adquiriram sentido pejorativo no Brasil. Daí nossa opção por "não brancos". [N. E.]

investidores de risco tenha sucesso ao investir quando todos os integrantes do grupo são da mesma raça, por exemplo, é 25% menor do que quando o time é diverso. Por quê? Porque o time fica sem perspectivas distintas. Vemos o mesmo efeito negativo em grupos com educação homogênea: times de investidores de risco registram 18% menos sucesso quando investem com outro profissional da área egresso da mesma universidade.[2]

Ou seja, se o comportamento à mesa das refeições que eu via ali se estendesse à mesa de reuniões, era bem provável que os times da organização não estivessem se saindo tão bem quanto poderiam. E aquilo, talvez, ajudasse a explicar o descompasso nas entrevistas que eu acabara de fazer com Tawny e Jim. Aliás, poderia muito bem explicar por que a maioria das iniciativas de diversidade em empresas costuma dar em nada.

Tudo o que Jim tinha dito sobre liderança durante nossa conversa parecia correto. Mas a experiência de Tawny não estava de acordo com o que o chefe dizia. Minha impressão foi que ela estava falando de outra pessoa, uma totalmente diferente daquela que conheci. Era um clássico choque de versões.

ELE: "Gosto muito que as pessoas testem coisas novas. É assim que inovamos."
ELA: "A verdade é que, se a ideia de alguém não deu certo, haverá consequências."

ELE: "Sou totalmente a favor de empoderar as pessoas – quero que elas façam as coisas do seu próprio jeito."
ELA: "A gente não recebe nenhuma orientação. Ele diz que nos está 'empoderando', mas eu me sinto perdida."

ELE: "Na hora de tomar uma decisão, sempre peço a opinião de todos. Mas, no final, é minha função decidir."
ELA: "Sou autorizada a estar presente, a dar minha opinião. Mas não sou incluída de verdade, pois, no fim, minha opinião nunca conta."

E tinha mais, disse Tawny. Segundo ela, seu esforço não era reconhecido. Ela contou, por exemplo, que fechou com um cliente grande, mas que Jim nunca mencionou o feito. E se queixou de que não se sentia parte da equipe. "Aliás, nem é uma equipe", disse. "É só um punhado de gente, um tentando ser melhor do que o outro para agradar ao Jim. Aqui, é cada um por si. É tipo *Jogos vorazes*."

O resultado é que Tawny, assim como tanta gente hoje em dia, se sentia desconectada do trabalho; estava operando no piloto automático e tinha parado de assumir desafios. O fato de que passamos no trabalho a maior parte do tempo em que estamos acordados também a incomodava. Tawny estava farta. Tinha decidido que era hora de procurar outro emprego.

Nos últimos 15 anos, venho estudando a interseção de liderança e diversidade: como líderes mulheres e de minorias são percebidos no trabalho e o que um líder pode fazer para aumentar a variedade de raças, etnias, experiências, formações e perspectivas no quadro de funcionários. Nesse período, apesar do notável aumento no número de empresas que fizeram da diversidade uma prioridade e adotaram programas nesse sentido, não houve muito progresso entre empresas da Fortune 500. O número de mulheres, pessoas não brancas, mulheres não brancas e LGBTQ no topo da hierarquia de organizações americanas segue sendo baixo. Em 2019, mulheres e pessoas não brancas representavam apenas 25% e 27% dos executivos, respectivamente. Apenas 5% dos CEOs são mulheres. *Cinco por cento!* E isso apesar do fato de que as mulheres representam 51% da população, e as minorias, 39%. Para dar mais um exemplo, embora 13% da população dos Estados Unidos seja negra, menos de 1% dos CEOs do ranking Fortune 500 são negros.

Até em empresas que se esforçam para contratar mulheres, pessoas não brancas, mulheres não brancas e LGBTQ, os líderes relatam que as iniciativas de gestão da diversidade não estão funcionando. Em abril de 2016, durante a cúpula da Casa Branca sobre diversidade no meio empresarial, falei para uma plateia de presidentes e diretores de diversidade de empresas da Fortune 500 e outros formadores de opinião. Na ocasião, ficou claro que todos ali estavam tendo dificuldade para tirar o máximo de programas de diversidade. Faltava entrosamento entre as equipes, o engajamento do pessoal era baixo e alguns funcionários se sentiam excluídos.

A conversa com Tawny tinha me deixado curiosa para saber o que um líder poderia fazer para aproveitar plenamente o poder de perspectivas diferentes e conseguir reter e atrair mais gente talentosa. Não cabe só ao CEO resolver esse problema. O presidente pode até alterar políticas, mas são os gerentes que têm o maior impacto nas equipes. Resolvi tentar entender por que certos líderes são capazes de atrair, reter e engajar equipes diversificadas enquanto outros deixam passar a oportunidade ou simplesmente fracassam na tentativa. Li pesquisas, realizei experimentos em laboratório, fiz estudos de campo com uma infinidade de organizações e entrevistei mais de cem líderes e liderados, incluindo CEOs de grandes empresas que estavam acertando a mão – segundo informavam funcionários e demonstrativos de resultados – e líderes de tudo quanto é posição hierárquica que não estavam tendo sucesso. Descobri que os melhores líderes têm duas habilidades em comum.

Primeiro, são pessoas que acolhem perspectivas e experiências diferentes. Segundo, juntam todas essas peças distintas para criar um time coeso e interdependente com um propósito comum. Somados, esses dois comportamentos permitem que as pessoas façam o que chamo de "inclusificar". Diferentemente de "diversificar" ou "incluir", inclusificar implica um esforço contínuo e sustentado para ajudar equipes diversificadas a se sentir engajadas, empoderadas, aceitas e valorizadas. E, embora poucos indivíduos já nasçam inclusificadores, um líder pode tomar medidas bem específicas para se tornar um deles.

> **Inclusificar (verbo):** viver e liderar de um modo que reconheça e celebre perspectivas únicas e divergentes, criando um ambiente de colaboração e mente aberta ao qual todos sintam que realmente pertencem.

Alguns líderes dizem: "Não vejo por que devo mudar *meu* comportamento para que outros se sintam bem". É compreensível. Dever, ninguém deve. Mas deveria querer. Se um conselho meu fosse capaz de fazer seu faturamento subir, turbinar a inovação ou reduzir a rotatividade de pessoal, você ia querer ouvi-lo ou não? Inclusificar traz tudo isso e muito mais. E não machuca. Racismo, sexismo, assédio são coisas que ferem. Criar um local de trabalho diversificado e inclusivo pode tornar seu trabalho mais prazeroso.

Minha meta é compartilhar lições que aprendi e que podem ajudar líderes a entender *por que* sua abordagem atual à diversificação do quadro de funcionários pode não estar funcionando e *o que* podem fazer para mudar isso. Nenhum dos benefícios da diversidade tem de vir à custa de trabalhadores felizes. Líderes que inclusificam têm um relacionamento melhor com seus times, conseguem maior produtividade dos funcionários e criam um ambiente mais positivo para todos. Inclusificar pode mudar a empresa ao possibilitar que perspectivas singulares sejam ouvidas – permitindo, assim, que soluções mais inovadoras e criativas venham à tona, ao mesmo tempo que cria um ambiente no qual todo indivíduo possa estar realmente engajado.

Engajamento é fundamental para o sucesso de uma empresa. É um fator essencial do desempenho: trabalhadores altamente engajados costumam superar os demais em 10% na avaliação de clientes, em 21% na produtividade e 22% na rentabilidade.[3] No geral, empresas com uma força de trabalho altamente engajada superam as concorrentes em 147%.

Inclusificar é a habilidade de liderança do futuro. Mas é possível se valer dela hoje. O ponto de partida é entender os dois impulsos mais básicos do ser humano: o desejo de ser único e o de pertencer. Em outras palavras, queremos ao mesmo tempo nos destacar e nos encaixar no grupo; ser o "eu" em sua singularidade, mas também fazer parte do "nós" coletivo. Não inventei essa ideia; os psicólogos sabem há muito tempo que todo mundo busca equilibrar esses impulsos.[4] Segundo alguns, satisfazer essas duas necessidades é crucial para a sensação de inclusão do indivíduo no ambiente de trabalho.[5] O que vi, no entanto, é que a maioria dos líderes que entrevistei subestima a importância de ajudar sua equipe a sentir que pertence àquele ambiente ou calcula mal a importância de celebrar a singularidade de cada um de seus integrantes.

Por sorte, um líder tem como criar um ambiente que permita que os membros da equipe satisfaçam esses dois desejos fundamentais. Para que o funcionário se sinta ele mesmo, os líderes devem acolher as diferenças dos integrantes da equipe e destacar os benefícios de ouvir perspectivas variadas. Para que os liderados sintam que pertencem, os líderes precisam mostrar a cada membro da equipe que ele ou ela é uma peça essencial e valorizada de um grupo maior com uma missão importante.

Naturalmente, há um conflito inerente entre esses dois ingredientes: ser você, em toda a sua singularidade, é fácil quando não é preciso interagir com pessoas diferentes. E montar uma equipe é simples se todo mundo for igual. Devido a essa tensão, a maioria dos líderes não consegue juntar esses dois elementos e acaba com uma equipe coesa em que todos os indivíduos agem de modo semelhante ou com um grupo diversificado mas sem liga.

Mais de uma vez, durante uma conversa com algum líder no decorrer da minha pesquisa, fui invadida por uma sensação de *dejà vu*. Tudo o que a pessoa dizia soava estranhamente familiar – e seu estilo me lembrava o de outro entrevistado. Mais tarde, conferindo minhas anotações, vi que muitos líderes com os quais conversei se expressavam da mesma forma. Viviam os mesmos desafios porque não se concentravam em uma das duas principais necessidades humanas – não conseguiam deixar que as pessoas fossem elas mesmas ou não conseguiam fazer com que elas se sentissem parte do grupo.

Com o tempo, minhas entrevistas começaram a revelar seis arquétipos específicos, distribuídos em dois eixos (veja a matriz mais adiante). Líderes que subestimavam a importância da equipe, em geral, tinham funcionários que não sentiam que pertenciam; líderes que ignoravam o benefício de ouvir perspectivas diferentes faziam algumas pessoas sentirem que não podiam ser elas mesmas.

Alguns líderes não faziam nenhuma das duas coisas. Outros colocavam em prática o mínimo de ambas e ainda não tinham se comprometido plenamente a aceitar e implementar alguma delas. À medida que fui ouvindo mais, cheguei à conclusão de que a maioria dos líderes caía em uma das quatro categorias que impedem que tirem o máximo de seus times – que chamo de "Quatro Loucuras". Essas loucuras são: não promover a singularidade, não promover o pertencimento, não promover nenhum dos dois e não se comprometer totalmente com nenhum. Quem não caía em nenhuma dessas loucuras atingia um estado ideal que o transformava em um Inclusificador.

Inclusificadores tinham percebido a importância desses dois desejos vitais do ser humano e, por conseguinte, eram capazes de tirar o máximo de um time diversificado. Curiosamente, os erros cometidos por líderes eram, em geral, parecidos. Dois líderes, por exemplo, que vinham de empresas, setores e profissões muito diferentes, baseavam sua filosofia de liderança na crença de que "os mais fortes vencem" e usavam um vocabulário idêntico no sentido de querer "contratar a melhor pessoa para o cargo". Mas, como explicarei, achar que o mais forte sempre vence é um mito – bem como a ideia de que sempre há uma pessoa "melhor" para determinada função. Líderes e gestores que contratam, demitem e promovem com base nessa tese infundada acabam prejudicando a empresa. As pessoas que conheci raramente eram mal-intencionadas, simplesmente acreditavam nos mitos que lhes haviam sido inculcados.

Curiosamente, os mitos e erros nos quais homens brancos costumavam acreditar diferiam um pouco daqueles que atrapalhavam mulheres e pessoas não brancas e levavam dois dos arquétipos a se manifestar de modo distinto. Ao todo, há seis arquétipos que destacam as maneiras sutis pelas quais líderes deixam de promover a singularidade e o pertencimento:

- **Gerente Meritocrático:** quer contratar os "melhores" para o cargo, mas pouco faz para apreciar as qualidades singulares de seus subordinados ou para ajudá-los a sentir que pertencem, todos, a uma mesma equipe.

- **Paladino da Cultura:** busca criar um time de gente que pensa igual e, com isso, renuncia aos benefícios da inclusão de ideias, perspectivas e experiências diferentes.
- **Team Player:** essa pessoa (em geral mulher, pessoa não branca, mulher não branca e LGBTQ) faz parte de um subconjunto dos Paladinos da Cultura. Quer tanto ser aceita pela maioria que esquece como sua visão, e a de outros indivíduos com perspectivas distintas, contribui para a dinâmica da equipe.
- **Cavaleiro Branco:** é paternalista com mulheres, pessoas não brancas, mulheres não brancas e LGBTQ – indivíduos que tenta "salvar". O resultado é a pouca ênfase em metas comuns, o que reduz a coesão da equipe, já que as pessoas não conseguem enxergar qual a liga entre elas.
- **Pastor:** subconjunto dos Cavaleiros Brancos, Pastores são mulheres, pessoas não brancas, mulheres não brancas e LGBTQ que promovem indivíduos de seu mesmo grupo – mas que, com isso, veem seus motivos questionados, o que no final gera uma equipe menos coesa.
- **Otimista:** vê valor na singularidade e no pertencimento, mas não se compromete de verdade em produzir mudanças, preservando, portanto, o *status quo* por inércia.

Além disso, tirei lições do que ouvi durante minhas entrevistas com líderes de empresas – lições que apresento aqui para que qualquer pessoa possa aprender a ser um Inclusificador. Minhas entrevistas revelaram oito comportamentos cruciais exibidos por líderes Inclusificadores. Quatro deles buscam fortalecer a singularidade (o eu, ou SELF, em inglês) e outros quatro são voltados a reforçar o pertencimento (a equipe, ou TEAM, em inglês). Ao longo do livro, exploraremos esses conceitos mais a fundo.

Para promover a singularidade:

- ***Support* – Dê suporte:** o Inclusificador apoia publicamente a diversidade. Reconhece e aceita de braços abertos a diferença, em vez de fingir ignorá-la.
- ***Empathize* – Tenha empatia:** o Inclusificador busca conhecer cada integrante do time para, com isso, entender suas necessidades.
- ***Learn* – Aprenda:** o Inclusificador quer aprender com o ponto de vista único de outras pessoas e busca contratar gente com opiniões divergentes e extrair perspectivas distintas dos talentos que a empresa já tem.
- ***(Be) Fair* – Seja justo:** o Inclusificador entende que é essencial que todo funcionário se sinta tratado de forma justa. Isso significa promover não só igualdade, mas também equidade, dando às pessoas aquilo de que necessitam para vencer na vida.

Para criar pertencimento:

- ***(Be) Transparent* – Seja transparente:** o Inclusificador é extremamente transparente sobre suas práticas, para que todos saibam como as coisas funcionam na organização e entendam como são vistos pelos outros.

- *Empower* – **Empodere:** o Inclusificador dá autonomia para que membros do time tomem suas próprias decisões, transmitindo altas expectativas de sucesso.
- *Align* – **Alinhe:** o Inclusificador se empenha para alinhar apoiadores no diálogo sobre diversidade e inclusão.
- *Motivate* – **Motive:** o Inclusificador motiva a equipe ao criar coesão e incutir diversidade, inclusão e pertencimento nos valores da organização.

Veremos exemplos de líderes que tinham boas intenções, mas que foram acometidos por uma das Quatro Loucuras, com consequências inesperadas que prejudicaram sua equipe e terminaram por inibir a inclusão. Veremos como reconhecer os mitos e equívocos que levam a esses comportamentos, com roteiros e estratégias práticas para que você se transforme em um Inclusificador. Ao entender por que a singularidade e o pertencimento são tão importantes para o indivíduo, o líder vai descobrir o que move seus liderados e encontrar maneiras de incentivar cada um a ser o que é e, ao mesmo tempo, incutir o sentimento de que é parte da equipe. O resultado final será uma organização plenamente engajada e com uma diversidade de perspectivas capaz de produzir ideias inovadoras e criativas que agregam valor.

No Capítulo 1, apresento os conceitos de singularidade e pertencimento e mostro por que são tão importantes. No Capítulo 2, vemos como expectativas e associações automáticas sobre diferentes grupos raciais e de gênero limitam nossa capacidade de inclusificar. Na maioria das vezes, essas associações são inconscientes e involuntárias – o que psicólogos chamam de "vieses inconscientes". E, mesmo que não queiramos, elas determinam nossos padrões de conduta e em geral são a base dos mitos e erros na raiz das Quatro Loucuras. O Capítulo 3 traça a rota da inclusificação e traz três lições essenciais que todo Inclusificador precisa aprender.

Os capítulos subsequentes cobrem cada um dos arquétipos, descrevendo o que são, enumerando os comportamentos associados a cada um e mostrando como um líder com boas intenções pode pivotar para virar um Inclusificador. No último capítulo, narro minha própria jornada de Inclusificação. Há mais recursos e material para download na página DrStefJohnson.com (em inglês). Para quem quiser descobrir a qual das Quatro Loucuras é mais propenso, há um teste (em inglês) no endereço Inclusifybook.com.

Ouvimos muitos CEOs neste livro. Mas inclusificar é para todos, não só para dirigentes de empresas. Aliás, é até mais importante para gerentes de escalão intermediário. Apenas 52% das organizações acreditam que membros de seu conselho estão envolvidos em iniciativas de diversidade e inclusão; e só 39% acreditam que isso aconteça no caso de gerentes de nível médio.[6] Ao escrever sobre esses gerentes menos graduados, usei nomes fictícios para proteger sua privacidade.

Minha esperança é ajudar você a maximizar os benefícios da diversidade e obter o melhor de sua equipe – quer esteja ocupando uma posição de gerente regional de vendas ou de diretor de marketing. Minha missão é levar você a examinar sua conduta com o auxílio de um instrumento melhor do que o utilizado pela maioria de nós até agora, para que o caminho rumo à inclusificação fique claro. Temos todos o desejo de ser nós mesmos e, ao mesmo tempo, ser parte de uma equipe. Em um mercado de feroz competição por talentos, no qual engajamento gera retenção *e* lucros, inclusificar é a chave para a inovação, o crescimento e o sucesso contínuo.

1

O poder da singularidade e do pertencimento

> "Sinto que, quando estou aqui, posso ser eu mesma. Posso falar alto, pois é tudo muito quieto. Quando dou minha opinião, já vou esperando a reação da equipe, pois nem sempre tenho razão. E aí a gente senta para almoçar e parece uma família reunida, e todos podemos nos conectar."
> — *Jane, engenheira de produção*

A necessidade de pertencer é algo tão humano que ninguém pode negar sua importância. De certo modo, todos queremos ser aceitos – tanto que a exclusão social ativa no cérebro as mesmas áreas envolvidas na dor física.[1] Tente pensar em um momento no qual sentiu que não pertencia: quando notou que sua presença era indesejada, que estava sendo rejeitado, tratado com desconfiança ou até mesmo ignorado. Qual foi a sensação? Ainda que não tenha doído fisicamente, é bem provável que você não queira viver essa experiência de novo. Isso explica, em parte, por que buscamos gente que "combina" com a cultura da organização na hora de contratar. Não queremos ver ninguém infeliz ou indo embora porque não se encaixou. Só que contratar apenas quem combina limita a diversidade de perspectivas necessária para gerar inovação. O jeito é criar um espaço inclusivo no qual as pessoas – que sempre vão ser diferentes umas das outras – possam todas se encaixar.

Isso porque, por mais que queiramos pertencer, também queremos ser autênticos, ser nós mesmos. Você lembra, por exemplo, de alguma vez que sentiu que não podia ser quem é? Pode ter sido uma situação na qual todo mundo ao redor tinha uma opinião muito diferente da sua e você achou melhor ficar quieto em vez de expressar um ponto de vista impopular. Fingir ser quem não somos é exaustivo, e é muito liberador poder sermos nós mesmos. Mas o melhor é saber que nossos talentos singulares são valorizados e que nossa voz é ouvida e respeitada. Quando percebemos que esses dois desejos – o de singularidade e o de pertencimento – estão em equilíbrio, nos sentimos incluídos. Líderes que criam espaço para que sua equipe viva essa sinergia são o que chamo de "Inclusificadores".

Quando todos sabem seu nome: pertencimento

Todo mundo se sente deslocado de vez em quando. Pense naquele dia em que você entrou em um lugar onde um grupo do gênero oposto fazia uma reuniãozinha. Se for mulher, imagine entrar em uma sala onde um grupo só de homens está fumando charutos ou jogando pôquer. Se for homem, imagine chegar a um chá de bebê ou a um clube de leitura só com mulheres (peço desculpas pelos estereótipos de gênero). Ou imagine como deve ser estranho ser o único branco a participar de um jantar no qual só há negros, asiáticos, latinos ou pessoas do Oriente Médio. Ou ser a única pessoa heterossexual em um bar gay. Mulheres, pessoas não brancas, mulheres não brancas e LGBTQ vivem isso o tempo todo no trabalho. Conheço bem essa sensação. Como professora em uma importante faculdade de administração, volta e meia sou a única mulher em reuniões. Durante um tempo, fui a única mulher no meu departamento (e, definitivamente, a única latina).

Quando entrei para a Leeds, lembro-me de sempre subir quatro lances de escada, no meu salto dez, para chegar à minha sala. Boulder, no Colorado, é um lugar bem pé no chão e eu queria me encaixar ali. Mas, no fundo, sou uma garota de Los Angeles que adora moda e sapatos. Um dia, ao chegar pela escada, topei com dois colegas homens combinando um happy hour. Ao ouvir a conversa, me aproximei um pouco. Meio sem jeito, interrompi: "Ei, vocês vão sair mais tarde?".

Silêncio. Um olhou para o outro. "Ah... é... achamos que você não ia querer ir. Vamos a um bar que só serve cerveja." Eles tinham razão. Eu não queria ir, mas queria ter sido chamada. Não ter sido convidada me fez sentir como se eu não fizesse parte da turma. Pior do que ser excluída, porém, foi constatar que a ideia de diversão deles era bem diferente da minha. Aquilo me fez perceber que eu não me encaixava ali e que, ainda que tivessem me chamado, seria impossível ser eu mesma na companhia deles.

Ouço muitos relatos de gente que se sente deslocada ou excluída. Em um congresso da Associação Nacional de Profissionais de Valores Mobiliários, conheci Jay, um gerente de investimentos muito elegante. Jay, como ele mesmo dizia, não era o típico profissional do mercado financeiro: era um homem negro do sul do país em um setor dominado por homens brancos. Ele explicou que o estilo de comunicação entre profissionais do mercado financeiro da Costa Leste dos Estados Unidos é diferente do das pessoas com quem ele estava acostumado a se comunicar – basicamente, homens e mulheres, também negros, do sul. Quando foi trabalhar em Nova York, em sua firma atual, não entendia por que os colegas de trabalho estavam sempre rindo. Bastava alguém fazer um comentário sobre os Hamptons ou um restaurante para que todo mundo risse. "Qual é a graça?", ele se perguntava. Depois de um tempo, chegou à conclusão de que era apenas uma norma cultural.

Para ele, um dos espaços mais difíceis de navegar eram grandes congressos, quando precisava circular e fazer contatos. "Não conhecia muita gente, e a impressão era de que, toda vez que eu tentava entrar em uma conversa, todos paravam de falar e ficavam sem jeito." Um dia, no entanto, Jay foi convidado para uma reunião social no quarto de hotel de um bambambã. "Achei que estava bem apresentável, com um terno preto e gravata". Já na porta do quarto, tocou nervoso a campainha. "Que quarto de hotel tem campainha?", pensou. "O cara abriu a porta, olhou para mim e disse: 'Oi, desculpe, estamos fazendo muito barulho?'." Encabulado, Jay respondeu: "Não, não, de jeito nenhum. Eu... é que...". "Brincadeira", disse o figurão. "Já avisei a recepção que não vamos precisar de nada esta noite." Jay sentiu seu rosto ficar quente. O sujeito tinha achado que ele era funcionário do hotel. "É claro que fui embora. Não ia explicar quem eu era. E, no dia seguinte, nem fui à conferência, com medo de encontrá-lo e ele perceber o erro que tinha cometido." Ou seja, embora Jay achasse que devia pertencer, era claro que, para aquele figurão e talvez para outros participantes do evento, ele parecia mais um serviçal do que um colega deles.

Ser confundido com alguém de posição social inferior faz a pessoa sentir que não pertence a seu grupo de condição superior; é algo vivido o tempo todo por mulheres, pessoas não brancas e mulheres não brancas. Um estudo com advogados, por exemplo, revelou que 57% das mulheres não brancas e 50% das mulheres já tinham sido tomadas como não advogadas: confundidas com o pessoal de limpeza, funcionárias da administração e auxiliares do judiciário, experiência que apenas 7% dos advogados homens e brancos tinham vivido. Também passei por essa experiência quando me pediram para sair de uma reunião do corpo docente porque um colega não sabia que eu era professora.

Era uma sexta-feira e minha manhã estava sendo daquelas em que eu, como mãe, estava tentando entrar na roupa, arrumar o cabelo e me maquiar em menos de cinco minutos, pois ainda tinha de cuidar das crianças. Mas é claro que, entre leite, papinha de bebê e escovação de dentes, sujei o terninho. A alternativa seguinte tinha marcas de desodorante. Droga. A terceira opção, um vestido preto, blazer e bota, ficou perfeita. Queria parecer profissional na reunião. Pensando hoje, soa bobo, mas naquele momento parecia importantíssimo.

Cheguei esbaforida à faculdade, mais tarde do que pretendia por conta de toda a troca de roupa, e subi correndo as escadas. Entrei na sala de reunião, fiz contato visual com algumas pessoas, disse "oi" e puxei uma cadeira. Antes de meu traseiro encostar no assento, o responsável pela reunião interveio, gaguejando: "É... é... Stefanie, tenho de pedir que você se retire, essa reunião não é para você". Senti meu rosto corar. Era uma reunião só para titulares (eu era professora assistente à época)? Corri os olhos pela sala e vi outros como eu – que não eram titulares. Tentei entender o que estava acontecendo, mas achei melhor sair o mais rápido possível; me senti como uma criança que acaba de fazer uma travessura. Ainda que pudesse convencê-lo de que deveria estar ali, teria sido muito constrangedor. Se o mesmo acontecesse hoje, eu pediria para a pessoa me explicar por que minha presença era injustificada. Naquele dia, jovem e insegura, simplesmente fui embora.

Quando cheguei à minha sala, meu coração estava saindo pela boca. Fechei a porta e tentei recuperar a calma. Minutos depois, ouvi um toc-toc. Gritei "já vai" e fui abrir a porta. Lá estava o colega. Ainda encabulado, ele pediu desculpas e explicou que tinha me tomado por uma instrutora, e que aquela reunião era para professores pesquisadores. Há toda uma hierarquia social no meio acadêmico. Quem faz pesquisa está no topo da cadeia, ao passo que quem ensina ocupa uma posição inferior, tanto em termos de remuneração quanto de carga de trabalho, pois leciona mais e não faz pesquisa. No meu departamento, havia poucas mulheres na pesquisa, mas a maioria dos que lecionavam eram do sexo feminino.

O colega disse que tinha percebido o erro assim que eu saíra da sala. Imagino que alguém tenha dito algo. O pior de tudo foi sentir aquilo que Jay, o gerente de investimentos, tinha tentado evitar ao não ir ao congresso no dia seguinte. No meu caso, tive de encarar a pessoa que acabara de me excluir – para não falar dos outros colegas, que me olharam como se dissessem "foi mal".

Era um erro fácil de cometer. Quando há poucas docentes na pesquisa, mas muitas em sala de aula, quando você conhece uma mulher, o mais provável é que ela lecione, e não que faça pesquisa. É questão de probabilidade. Mas a mensagem que ouvi, por mais que tentasse ignorá-la, era que eu era vista como de posição inferior por aqueles à minha volta. E é essa a mensagem que mulheres, pessoas não brancas, mulheres não brancas e LGBTQ costumam ouvir quando são confundidas com auxiliares, secretárias ou cônjuges dos "verdadeiros" funcionários.

Embora esse tipo de interação em geral não tenha nenhuma importância para a pessoa que está excluindo, uma leva de estudos mostra que ofensas sutis e muitas vezes involuntárias, como tomar alguém como um indivíduo de posição social inferior ou trocar seu nome pelo de outra pessoa da mesma cor (algo normalmente chamado de "microagressão"), produzem efeito idêntico, ou até pior, ao da discriminação aberta em aspectos como desempenho no trabalho, rotatividade de pessoal e saúde mental.[2]

Já a sensação de pertencer gera uma perspectiva totalmente distinta. Como você se sente quando pertence de verdade a um grupo pelo qual tem apreço? O que essa sensação produz? No caso de líderes, o bom é que eles têm o poder de garantir que ninguém fique de fora – o poder de abrir espaço para que todos sejam acolhidos e façam parte do time, *mesmo que sejam diferentes*. É assim que um líder cria pertencimento: ajudando as pessoas a se encaixar sem deixar de apoiar seu desejo de se diferenciar.

Todo diamante é único: singularidade

Ao mesmo tempo que queremos pertencer, também temos o desejo de sermos nós mesmos. Queremos que nosso talento particular seja valorizado e que nossa voz seja ouvida e respeitada. Queremos ser nós mesmos e que os outros nos aceitem por sermos quem somos. Eu teria como parecer mais professoral? Talvez usar um paletó com protetor nos cotovelos? Ou tingir o cabelo de cinza? Jay, o analista financeiro sulista, poderia aprender a falar como um yuppie e rir de piadas sobre o country club da cidade? É claro que sim, mas, se tiver sido a vida inteira de um determinado jeito, por que iria querer mudar agora? É parte de quem você é e querer mudar isso parece sugerir que seu modo de ser é, de certa maneira, inferior. Se eu tentasse parecer mais professoral, me sentiria menos autêntica e menos confiante. Quero ser aceita como sou. E minha pesquisa mostra que a maioria das pessoas quer o mesmo.

A dificuldade de ser quem somos e ainda assim nos encaixar no grupo é vivida há gerações por adolescentes e jovens adultos, embora a busca por autenticidade seja particularmente forte entre os millennials e a geração Z, que a vida toda ouviram que deviam ser e agir como "eles mesmos". Lembro de uma amiga de infância, uma asiática-americana chamada Tran que mudou seu nome para Alice – muitos asiáticos-americanos que conhecia mudaram o nome para soar mais caucasianos. Mas, como Alice é um nome comum, com o tempo ela trocou para Allis, Allyce e Allie. Ela queria ser única – tanto quanto queria se encaixar no todo.

Cada um de nós aceita, diariamente, abrir mão de um pouquinho do que somos – pelo menos temporariamente. Mas há aspectos do eu que resistimos a abandonar, mesmo que por instantes. Esses são os traços que compõem nossa identidade – o modo como queremos nos ver e ser vistos pelos outros. Se alguém vier e lhe perguntar, por exemplo, "quem você é?", ou disser "fale um pouco sobre você", os atributos que imediatamente virão à mente provavelmente refletem sua identidade.

No meu caso, os dois primeiros aspectos da minha identidade são professora e mãe. Se alguém me pede para falar de mim mesma, penso nesses aspectos da minha identidade, dependendo do contexto ou da situação. Sou uma professora de administração que estuda a interseção de liderança e diversidade. Ou... sou a mãe de Katy e Kyle, as crianças mais inteligentes, divertidas e perfeitas do mundo.

Se a pessoa quisesse saber mais, outros aspectos da minha identidade viriam à tona. Primeiro, sou uma mulher mexicano-americana. Embora as pessoas normalmente me considerem branca (o que sou, metade branca), a herança hispânica é central para mim. Sou mulher – e adoro ser mulher. Fui criada na fé católica e valorizo muito a família. Como esses identificadores são uma parte profundamente arraigada e relevante de mim, não quero ocultá-los, mesmo no local de trabalho. Além de nossa identidade pessoal, temos identidades sociais, que descrevem nossa participação em grupos relevantes para nós.[3] Posso, por exemplo, me identificar com meu grupo da igreja, minha equipe do trabalho, meu clube do livro ou minha universidade. Naturalmente, todo mundo tem identidades individuais e sociais.

No caso de certas pessoas, a raça é fundamental para sua identidade, ao passo que para outras o que tem particular importância é o gênero ou a orientação sexual. Além disso, em um dos maiores avanços na teoria de gênero e identidade nos últimos 50 anos, Kimberlé Crenshaw criou o conceito da interseccionalidade, sustentando que não é possível entender uma identidade (como ser negro) sem entender outras identidades (como ser mulher), de modo que ser uma mulher negra é diferente da mera combinação de ser negra e de ser mulher.[4] Com efeito, essas interseções afetam enormemente o modo como somos vistos pelos outros e como vemos a nós mesmos.[5] Indivíduos com identidades intersecionais estão sempre às voltas com a complexidade de se encaixar ou se destacar de diversas maneiras conflitantes.

Independentemente de quais aspectos ou interseções da identidade de uma pessoa sejam evidentes, é difícil alguém se sentir aceito quando é obrigado a ocultar um aspecto fundamental daquilo que é. Já vi a angústia que essa atitude pode causar em minorias que sentem que devem "agir como brancos" e em mulheres que sentem que devem "agir como homens" para vencer no mercado trabalho. A tensão de não se sentir parte do grupo ou de não poder ser você mesmo pode gerar exaustão emocional e levar a pessoa até a abandonar o emprego.[6]

Embora mascarar alguns aspectos da personalidade seja uma prática bastante comum, nada me impactou tanto quanto ouvir amigos da comunidade LGBTQ dizerem que precisavam fingir ser heterossexuais ou cisgênero. Minha amiga Brianna Titone, a primeira deputada transgênero do estado americano do Colorado, contou como foi difícil viver uma vida não autêntica, fingindo ser alguém que a sociedade esperava que ela fosse. Os amigos, a família e a comunidade tinham ajudado Brianna a ter força para se assumir mulher. O fato de morar em um estado liberal como o Colorado e estar rodeada de indivíduos de mente aberta pode ter ajudado.

Lembro de ler matérias sobre o jogador de futebol americano Ryan O'Callaghan. Ele foi da linha ofensiva do New England Patriots e do Kansas City Chiefs, e que escondeu dos amigos mais próximos e da família, por quase três décadas, o fato de ser gay. Com dois metros de altura e 150 quilos, era fácil passar a imagem de sujeito heterossexual. E O'Callaghan sabia que ser jogador de futebol americano era um disfarce perfeito para sua homossexualidade. Mas, quando uma lesão no ombro ameaçou deixá-lo sem essa "máscara", o jogador buscou consolo em remédios e, a certa altura, chegou a pensar em pôr fim à própria vida. Aquelas mentiras acabaram sendo demais para ele.

Mas, graças a um Inclusificador, a história teve um final feliz. O diretor esportivo do clube, Scott Pioli, costumava dizer aos jogadores que, mais do que um time coeso – o que tinham de ser para vencer em campo –, todos ali eram seres humanos, amados e respeitados por aquilo que eram como indivíduos. Isso, combinado com o apoio de uma terapeuta que sugeriu que seria melhor ver como as pessoas reagiriam à notícia antes de tentar o suicídio, pode ser a razão pela qual O'Callaghan, em um gesto de enorme bravura, revelou a Pioli que era homossexual assim que a temporada de 2011 chegou ao fim.

Pioli, um grande defensor dos direitos LGBTQ e da igualdade de gênero, não se abalou com a notícia. Aliás, já estivera em situação parecida com outros atletas. Ficou feliz de saber que O'Callaghan confiava nele o suficiente para revelar algo tão íntimo. "Quero conhecer as pessoas, seu verdadeiro eu", me disse Pioli. "Talvez eles me vejam como um lugar seguro. E por isso os jogadores vêm desabafar comigo – e por esse motivo quero estar aqui para apoiá-los." Esse pequeno gesto inclusificador literalmente salvou a vida de O'Callaghan ao dar a ele a aceitação de que precisava para ser quem realmente é.

É isso que um Inclusificador faz. Ele não finge que não vê raça, gênero ou orientação sexual, como muita gente orgulhosamente proclama. Para reforçar a singularidade, fingir que raça e gênero não importam simplesmente não funciona, pois não promove a integração da diversidade para criar organizações capazes de aprender.[7] Ouvi essa mensagem em alto e bom som quando visitei em Oakland, na Califórnia, o então CEO da companhia de saúde Kaiser Permanente, Bernard Tyson (já falecido). Quando perguntei o que distinguia a abordagem dele à diversidade, Tyson explicou que o que fazia era perceber e celebrar a diferença. "Não fingimos, não andamos por aí falando que não vemos cor. Nada disso. Encaramos as questões e as conversas difíceis."

Fingir que não vemos raça ou gênero é, na verdade, uma ofensa para pessoas não brancas, mulheres não brancas e mulheres em geral. Primeiro porque, se não vê raça, por exemplo, o que você vê quando está diante de uma pessoa asiática? Para mim, dizer que não vê raça significa dizer "não vejo você como inferior; vejo você como branco". E isso é ofensivo, concorda? É sugerir que branco é a norma e o ideal. Segundo, enxergar todos como sendo iguais é negar à pessoa o desejo humano básico de ser singular. Vejo minha raça e meu gênero como fatores que agregam valor à conversa, em vez de coisas que devam ser ignoradas. Terceiro, ignorar gênero ou raça é negar o fato de que alguém pode ter sido alvo de sexismo ou racismo no passado. E negar essa experiência manda a mensagem de que você não está nem aí para aquela pessoa.

Singularidade + pertencimento = inclusão

Sem esses dois ingredientes essenciais, não há como se sentir incluído. Na pior das hipóteses, você acaba sentindo que não pertence àquele lugar e que sua singularidade não é enxergada. Isso faz com que se sinta *invisível*. E como é isso no local de trabalho? Em geral, a pessoa invisível é aquela que trabalha por turnos ou remotamente e que muitas vezes nem é vista pelos colegas. Mas também é possível se sentir invisível se sua função no trabalho for menosprezada por aqueles a seu redor. O pessoal de limpeza, por exemplo, costuma ser ignorado. Ninguém faz contato visual com eles, ninguém diz oi ou reconhece seu trabalho. Ser totalmente ignorado pode fazer a pessoa se sentir desumanizada, ter vergonha e querer deixar o emprego.[8] Mas não são só as pessoas da manutenção que se sentem invisíveis. Estudos revelam que mulheres, pessoas não brancas e mulheres não brancas frequentemente se sentem dessa forma no trabalho, sem receber contato visual por parte dos colegas, se sentindo excluídas de eventos sociais e discussões de trabalho e sendo interrompidas, ignoradas ou desprezadas durante reuniões.[9] No meio acadêmico, muitos docentes não brancos dizem ser confundidos com o pessoal de limpeza.[10] O resultado de fazer as pessoas se sentirem invisíveis é bem-estar, saúde mental, produtividade e compromisso com o trabalho reduzidos.

Também dá para imaginar alguém sentindo que é aceito somente quando "disfarça" ou "vira a chave" para se adequar.[11] Isso leva a pessoa a se sentir *incompleta*, pois, embora sinta que pertença, só o é na medida em que nega sua identidade. Na ânsia de se encaixar, o indivíduo pode mudar a aparência, alterar a linguagem e ignorar o preconceito dos outros.[12] Essa encenação toda, no entanto, pode limitar a contribuição de sua perspectiva singular para o time, reduzir sua autenticidade e afastá-lo de outros integrantes de seu grupo identitário.[13] Na maioria das vezes, pensamos em mulheres, pessoas não brancas, mulheres não brancas e LGBTQ ocultando aspectos de si mesmos, quando, na verdade, esse é um fenômeno que afeta muita gente cuja identidade é estigmatizada ou que esconde informações pessoais para evitar ser julgada ou excluída. A pessoa pode, por exemplo, ocultar o fato de que vem de uma família pobre, negar crenças religiosas ou disfarçar uma deficiência. Esse ocultamento é problemático, no entanto, pois revelar informações sobre você traz uma série de benefícios – de saúde mental a conexões interpessoais com outros.[14]

Por outro lado, até indivíduos reconhecidos por sua singularidade podem não se sentir incluídos por enfrentar assédio, discriminação ou isolamento social em virtude de sua identidade. Quando é assim, a pessoa se sente *isolada* – afastada e solitária. Ouvir colegas no corredor combinando um almoço e não ser chamado, ouvir gente à sua volta travando conversas durante reuniões sem que você seja incluído ou ver seu trabalho ignorado enquanto o dos outros é reconhecido mostra que certas pessoas pertencem, mas você, não. Uma pessoa também pode sentir falta de pertencimento quando se sente marcada por sua identidade ou caracterizada como a "cara da diversidade" quando esse não é o papel que escolheu.[15] E não são só mulheres, pessoas não brancas, mulheres não brancas e LGBTQ que podem se sentir assim: homens ou pessoas brancas também podem se sentir isolados quando são deixados de fora por causa de raça e gênero.[16] Isso derruba o engajamento e o rendimento, e a pessoa pode acabar indo embora para escapar da sensação de isolamento.

Compare essa sensação com outra, a de quando você se sente *incluído*: valorizado e aceito como você é. Quando sente que suas ideias e contribuições são reconhecidas e que é um membro fundamental da equipe. Você se sente engajado, se empenha e tem vontade de ir trabalhar. Essa é a meta da liderança: criar inclusão para que o trabalho das pessoas seja bom para a organização e para que trabalhar nessa organização seja bom para as pessoas. Em vez de ignorar a diferença, Inclusificadores criam uma equipe na qual todos pertencem, pois sabem que reconhecer o talento e a perspectiva singulares de cada um fortalece a organização. O segredo, no fundo, é achar maneiras de ajudar cada um a contribuir para os objetivos do time e se sentir parte valiosa do grupo. Em minha pesquisa, descobri que a maioria dos líderes quer produzir esse resultado, quer que os integrantes do grupo se sintam engajados, apoiados e incluídos. Só que nem sempre sabem exatamente como chegar lá – ou cometem pequenos erros que impedem que tenham sucesso. Em geral, esses erros são resultado de mitos que turvam sua visão do mundo a nossa volta e os impedem de avançar.

Pertencimento	**Incompleto** Você sente que há lugar para você ali, mas não como seu verdadeiro eu	**Incluído:** Você se sente valorizado e aceito por aquilo que é
	Invisível: Você não sente que há lugar para você ali e acha que ninguém o conhece de verdade	**Isolado:** Você não sente que há lugar para você ali, mas todos conhecem seu verdadeiro eu
	Singularidade	

2

O ABC da superação de vieses

"Todo mundo fala de viés inconsciente, mas não é como se a pessoa estivesse intencionalmente discriminando; ela está buscando gente que pensa como ela. Sinceramente, não sei bem o que achar do viés inconsciente, pois, de certo modo, você está simplesmente escolhendo alguém como você."

Líder de entidade sem fins lucrativos

Antes de eu descobrir a inclusificação, boa parte do meu tempo e da minha carreira foi dedicada a mitigar o viés inconsciente. É possível interromper o viés inconsciente com exposição – ao simplesmente conviver com gente diferente de você. Ter um amigo gay pode deixar a pessoa muito mais aberta aos direitos da comunidade LGBTQ. Tentar pensar no outro como um indivíduo e ver as coisas da perspectiva dele ou dela, em vez de inferir que essa pessoa personifica toda mulher, pessoa não branca, mulher não branca ou LGBTQ, também diminui o viés. Tentar ver as coisas da perspectiva do outro pode ajudar. Outra maneira de reduzir o viés é diminuir a possibilidade de que ele ocorra.

Muitos dos desafios associados à criação de organizações diversas e inclusivas estão ligados ao viés inconsciente (também conhecido como "viés implícito"). Todos nós já ouvimos essa expressão na mídia e no trabalho, mas a maioria das pessoas com quem interagi a) não tinha noção do que isso significava e/ou b) ficava irritada com a ideia de ser acusada de preconceito, pois não há como se defender disso (se você diz que não tem viés inconsciente, isso parece provar que tem, pois não está ciente dele). Mas você tem. E eu também.

Como estar ciente de algo que é inconsciente?

Anthony G. Greenwald, psicólogo social da Universidade de Washington, é reconhecido por muitos como autor das primeiras teorias sobre viés inconsciente, que surgiram de seus estudos.[1] Segundo sua definição, viés inconsciente é não estar ciente do efeito que experiências anteriores têm sobre as novas impressões que formamos. Na obra *Blindspot: Hidden Biases of Good People*, Mahzarin R. Banaji e Greenwald mostraram que todo mundo tem vieses inconscientes.[2] Embora isso seja *normal*, agir de acordo com eles não é aceitável. É preciso achar maneiras de interrompê-los. Por sorte, algumas medidas simples tornam isso possível.

A primeira coisa que todo líder precisa fazer para passar de líder bem-intencionado a alguém que está promovendo mudanças é admitir que tem um viés inconsciente. Todo líder tem vieses inconscientes – basicamente, associações armazenadas na mente da pessoa sem que ela esteja ciente disso.[3] A realidade é que nosso cérebro está sobrecarregado de informações. Calcula-se que processamos 11 milhões de informações por segundo, mas estamos conscientes de apenas umas 40 delas. Todo o resto ocorre em um plano que não o da consciência, de modo que o cérebro faz uma série de associações heurísticas rápidas.

Essas associações inconscientes são necessárias para a sobrevivência; uma leva de pistas sutis nos ajuda, por exemplo, a determinar se um estranho representa uma ameaça ou é inofensivo.

É possível diferenciar vieses inconscientes de atitudes sexistas ou racistas, pois o viés costuma ocorrer fora da percepção consciente do indivíduo e é associativo ("enfermeiras em geral são mulheres"), não avaliativo ("mulheres são incompetentes"). É criado pela repetida associação de dois estímulos, algo similar ao condicionamento clássico (pense em Pavlov usando repetidamente um metrônomo ao alimentar os cães, fazendo com que só de ouvir o tique-taque os animais já salivassem). Fazemos associações parecidas com as pessoas. Então, ao imaginar um professor, geralmente pensamos em uma mulher. Um viés inconsciente é isso: a associação, na mente, de uma coisa com outra.

Temos vieses inconscientes em relação a quase tudo

Quando imaginamos uma secretária, pensamos em uma mulher. Quando imaginamos um presidente de empresa, visualizamos um homem branco.* Por quê? Porque a maioria das secretárias é mulher e a maioria dos CEOs é homem branco.[4] De todas as empresas da Fortune 500, só 19 são presididas por minorias e 24 por mulheres. Há mais CEOs de nome John e David do que CEOs mulheres. Nos Estados Unidos, 2% da população se chama John e 1%, David. Mulheres representam 51% da população, mas só 4% dos presidentes de empresas. Quando vemos CEOs, na maioria das vezes vemos um homem branco, por isso associamos CEOs a homens brancos.[5]

---

* Aviso: ao longo do livro, uso muito o termo "homem branco". Não tenho nada contra homens brancos, pelo contrário. Muitos dos meus melhores amigos ao longo da vida foram homens brancos. Meu pai era um homem branco. Meu marido é um homem branco. Até meu filho é um homenzinho branco. Amo todos eles. Só não acredito que 90% dos talentos de liderança estejam no um terço da população composto de homens brancos, apesar do fato de mais de 90% dos CEOs serem homens brancos.

Na maioria das categorias, temos associações como essa. Uso o exemplo a seguir para mostrar como o viés inconsciente afeta nossa percepção. Ao ler os enunciados abaixo, deixe uma imagem surgir em sua mente e reflita sobre o sentido de cada frase.

> O *roqueiro* estava insatisfeito com a quantidade de bebida na festa.

O que esse enunciado diz para você? Que imagem traz à sua mente? Eu vejo um homem – um homem magro, com calça de couro, dançando no alto de uma mesa e gritando "Mais bebida!". Vejo Mick Jagger. Você talvez veja outra pessoa. Essa imagem que você vê é seu protótipo do roqueiro. Você usa esse protótipo para interpretar o significado da frase. Agora, leia esta outra:

> A *freira* estava insatisfeita com a quantidade de bebida na festa.

Pausa aqui. Você imaginou algo bem diferente? Vejo uma senhora de braços cruzados, com um ar de reprovação porque há bebida demais na festa. Esse é seu protótipo de uma freira. O protótipo ajuda você a interpretar e a entender o enunciado. Mas observe que as duas frases são exatamente iguais – exceto o sujeito –, ainda que sua conclusão sobre a cena seja bem diferente. Outro exemplo:

> Depois de pesar todas as circunstâncias, o *CEO* decidiu eliminar parte do pessoal.

Aqui, você provavelmente vê um homem branco tomando a dura decisão de demitir gente (ou eliminar redundâncias). É bem provável que ele esteja de terno. E, se seu cérebro funciona como o meu, está atrás de uma grande mesa de madeira. É provável também que isso reflita alguma cena que você viu em um filme ou série de TV (já que a maioria de nós não costuma conviver com CEOs) e que seja a imagem mais imediata gerada por seu cérebro quando você imagina um presidente de empresa. Agora leia a próxima frase:

> Depois de pesar todas as circunstâncias, o *traficante* decidiu eliminar parte do pessoal.

Ai, não! Esse enunciado provavelmente acionou outro protótipo, e o significado da frase mudou bastante. Agora, pense comigo: quantos roqueiros e presidentes de empresa você conhece? Isso posto, todos temos os mesmos protótipos na mente. Imagine quão fortes são seus protótipos de mulheres, de líderes e de minorias – pessoas que todos conhecemos e com quem nos relacionamos diariamente.

Ei, mamãe, você acaba de parir um estereótipo

Em 2011, tive a experiência mais importante da minha vida: dei à luz minha filha Katy. Conciliar os deveres da maternidade e um trabalho em tempo integral não foi fácil. Precisei aprender a usar meu tempo de forma mais eficiente e, por isso, comecei a trabalhar com a porta fechada, para evitar distrações. Certa tarde, estava em minha sala, trabalhando em um artigo sobre os benefícios de estabelecer metas no processo de desenvolvimento de líderes, quando minha concentração foi perturbada pela voz de um colega no corredor, que falava com um candidato a uma vaga. "Aqui é a sala da Stefanie", ouvi ele dizer. "Ela teve bebê há pouco, então está meio sumida." Não havia maldade nem crítica na voz dele. E, aliás, esse colega era um dos meus favoritos no trabalho.

Meu colega interpretou a porta fechada como sinal de que eu não estava no trabalho porque, inferiu ele (e muitos outros, provavelmente), minhas prioridades tinham mudado agora que eu tinha um bebê. Há uma razão para isso: muitas mães ficam, sim, em casa com os filhos. Aqui está algo importante a se lembrar sobre vieses inconscientes: eles são meras associações. Em geral, no entanto, há algo de verdade na associação. Meu colega não quis ser sexista, mas seu viés inconsciente o levou a me estereotipar como a mãe que queria estar em casa com o bebê em vez de a mãe que estava ali na sala trabalhando. Não tenho dúvida de que ele ficaria horrorizado se soubesse como aquele comentário me afetou, pois ele sempre me apoiou, e muito.

Quando não estamos cientes de nossos vieses, não temos como corrigi-los, e eles podem afetar nossa conduta. Uma mulher subordinada a um chefe que imagina que ela queira ficar em casa com o bebê tem menos probabilidade de ser escolhida para postos ou oportunidades importantes. Por uma dessas impressionantes coincidências, meu marido também teve um bebê no dia 3 de novembro de 2011 – a filha que ele sempre quis ter. E também teve de conciliar a condição de pai com um trabalho em tempo integral. Para diminuir interrupções no trabalho, também passou a deixar a porta mais tempo fechada. Mas garanto que ninguém nunca olhou para a sala dele e disse: "Ele deve estar em casa cuidando do bebê".

Protótipos

Como um recurso adicional para entendermos o mundo, o cérebro armazena imagens de protótipos, que são o exemplo mais representativo de um conceito. Quando você imaginou um roqueiro, uma freira, um CEO ou um traficante de drogas, a imagem que veio à sua mente foi seu protótipo dessa categoria. Por que isso é importante? Porque protótipos influenciam o modo como vemos o outro. Como explicou o ganhador do Nobel Daniel Kahneman no livro *Rápido e devagar: duas formas de pensar*, para entender o mundo é necessário um processamento rápido, heurístico. Kahneman sugere que todos temos dois sistemas para a tomada de decisões: um sistema heurístico, emocional (Sistema 1), e um sistema mais trabalhado, racional (Sistema 2). Quando tomamos decisões rápidas, é mais fácil recorrer ao Sistema 1, pois o volume de informações a digerir é grande. Só que esse sistema rápido comete erros por ser baseado principalmente em estereótipos cognitivos.

Viés pró-homem branco

Voltarei ao exemplo do CEO para mostrar como isso ocorre. Já que homens brancos representam 95% dos CEOs, quando pensa no presidente de uma empresa, você logo imagina um homem branco. Homens brancos representam apenas 31% da população americana. Você acredita que homens brancos são melhores CEOs do que qualquer outra pessoa? A maioria das pessoas dirá que não, mas o fato é que seu cérebro associa liderança e comando de empresas a homens brancos. Se você acredita que isso vale para a maior parte dos postos de poder e crê em meritocracia (que o sucesso de alguém está ligado à sua competência), a inferência óbvia é que homens brancos devem ser mais competentes (meritórios) do que outros membros da sociedade. Logo, se estiver pensando com o Sistema 1, quando sua empresa precisar de um novo CEO, você provavelmente escolherá outro homem branco.

O fato de que cargos de maior prestígio são dominados por homens brancos produziu uma crença geral de que homens brancos são o grupo mais competente de indivíduos. Chamarei isso de viés pró-homem branco. De certo modo, o viés pró-homem branco vem daquilo que vemos à nossa volta. É baseado em protótipos que nos dizem como as coisas são. O problema, no entanto, é que um protótipo, além de indicar como as coisas são (descrever), também indica como as coisas deveriam ser (prescrever). Protótipos são a base de um dos vieses mais fortes que temos: o viés do *status quo*, ou a crença de que as coisas *são* como *deveriam ser*. O modo como algo sempre *foi feito* é como *deveria ser feito*. Logo, protótipos também dizem como homens e mulheres, brancos e minorias, heterossexuais e homossexuais *deveriam ser*.

Violações da norma

É assim que chegamos à conclusão de que um homem *deveria* ser forte, assertivo e confiante.[6] Pense em algum homem que você conhece que não exiba nenhum desses traços. Qual o nome dele? Ele não é particularmente forte, assertivo ou confiante. Se for uma pessoa típica, você provavelmente o considerará efeminado, fraco, incpto. Agora, pense em uma mulher que você conhece que não seja forte, assertiva ou confiante. Qual o nome dela? A imagem que você faz dela é tão ruim quanto a do homem que não possui os mesmos traços? Para a maioria das pessoas, não. Isso ocorre porque não esperamos que mulheres sejam fortes, assertivas ou confiantes para cumprir o papel de seu gênero. O papel do gênero masculino exige que o homem seja competente e líder; o papel do gênero feminino é ser gentil, terno, sensível. É a mãe, a avó, a professora do jardim, a senhorinha da padaria.

O que acontece, então, quando você encontra uma mulher que não se encaixa nessas expectativas? Vamos lá... qual o nome dela? E o que você realmente pensa dela? A maioria das pessoas caracteriza mulheres assim como agressivas e nutre forte antipatia por elas por violarem o papel do gênero. Você conhece algum homem que não seja particularmente gentil, terno ou sensível? É provável que conheça muitos, mas nem por isso sente antipatia por eles. É por esse motivo que líderes mulheres competentes e agressivas são tão rapidamente difamadas na sociedade. Elas cometeram um sério crime: violaram o papel de gênero.

Superando vieses

Se está lendo este livro, é porque você realmente quer ser o melhor líder possível. É aqui que todos precisamos começar: lançar luz sobre vieses que podem estar afetando nosso juízo e nossas estratégias de liderança. Todos temos algum viés. Mas só o autoexame pode nos ajudar a fazer essa descoberta. Sim, pode ser um pouco incômodo, o que é natural. Todo mundo já ouviu dizer que estar disposto a sair da zona de conforto é uma boa habilidade de liderança. Esse é o momento perfeito para começar. Para ajudá-lo no processo de vencer seus preconceitos, criei o que chamo de "ABC da superação de vieses": admitir, bloquear, contar.

Admitir
Uma das primeiras providências a tomar para superar um viés

é admitir que ele existe. Parece fácil, mas muita gente não consegue e tem ainda mais dificuldade para admitir que – boa pessoa que é – pode ser preconceituoso. Mas o fato é que todo mundo tem preconceitos, e, quando tenta suprimi-los em vez de reconhecê-los, o efeito desses vieses no comportamento costuma ser maior ainda. Em algo que chamou de "efeito paradoxal da supressão de pensamentos", o psicólogo social Daniel Wegner descobriu que, quando tentamos não pensar em algo, nos concentramos ainda mais nisso.[7] Não acredita? Siga lendo esta página e tente não pensar em um urso branco.

Em um estudo realizado para examinar os benefícios de expor nossos preconceitos, um candidato a emprego tinha uma cicatriz falsa no rosto e seu entrevistador estava conectado a um aparelho de rastreamento ocular.[8] O aparelho rastreador mostrou que o entrevistador olhava repetidamente para a cicatriz (ainda que por um milissegundo). Olhava e imediatamente desviava o olhar. Você provavelmente já passou por isso. Ou seja, não queria olhar deliberadamente para uma cicatriz, comida presa no dente de alguém ou barriga de uma suposta grávida, e, quanto mais tentava não olhar, mais se concentrava nisso, incessantemente.

Voltemos ao urso branco. Pensou nele? É claro que sim. É impossível *não* pensar em algo quando tentamos não pensar – na verdade, você acaba pensando ainda mais.[9] O que acontece, então, se pararmos de evitar pensamentos desagradáveis sobre raça e gênero? No caso do estudo da cicatriz, em um dos cenários do experimento, o falso candidato alertou para a cicatriz. "Tenho uma cicatriz", disse no início da entrevista. O rastreador ocular mostrou que o entrevistador olhou para a cicatriz uma vez – e nunca mais. Talvez tenha pensado algo como "Não é possível, não percebi". Mas, ao dar a si mesmo a oportunidade de fitá-la por um segundo, parou de se concentrar naquilo, processou a imagem, arquivou-a e seguiu em frente.

Uma saída adotada por muitas organizações – como Pricewaterhouse-Coopers (PwC), Facebook, Coca-Cola e Lockheed Martin – para conscientizar seus quadros sobre vieses inconscientes é realizar treinamento sobre eles. Em uma instituição de ensino superior que fez esse treinamento, por exemplo, a parcela de mulheres contratadas para postos de docência subiu de 32% para 47%.[10] Às vezes, basta um pequeno empurrão para entender e admitir que há um preconceito inconsciente capaz de fazer toda a diferença. Mais e mais empresas estão implementando treinamento sobre vieses inconscientes para melhorar suas iniciativas de diversidade. Foi com essa finalidade que Tim Ryan, presidente da PwC nos Estados Unidos, criou o grupo Ação CEO para Diversidade & Inclusão, que hoje reúne mais de 800 presidentes de empresas.

Então, quando admitimos que temos vieses, que nem sempre sabemos como agir na presença de pessoas diferentes de nós, pode haver alguns momentos de desconforto. Mas, se pudermos ao menos reconhecer que os preconceitos existem, é possível vencê-los. Agora, pare, por favor, de pensar no urso branco.

Bloquear

Infelizmente, admitir que você tem um viés (ou seja, que é humano) não basta. Vencê-lo só por pura força de vontade pode ser impossível. Se tiver de tomar uma decisão de contratação, por exemplo, primeiro será preciso alterar os sistemas de recursos humanos (como a forma de selecionar e promover funcionários, buscar mentores) para garantir que o viés não siga afetando seu julgamento. Isso significa definir critérios de antemão, julgar as pessoas por esses critérios (e não criar novos) e decidir com base na qualificação dos candidatos – e não no "encaixe cultural" ou por puro "instinto".

Provavelmente, o meio mais fácil de conseguir isso é anonimizando a seleção (ocultando o nome dos candidatos), para não ser tendencioso. A consultoria GapJumpers mostrou que, quando utilizado o método tradicional de triagem, 80% dos candidatos selecionados para uma primeira entrevista eram homens brancos em perfeitas condições físicas, egressos de instituições de ensino de elite. Na seleção anonimizada, esse número caiu para 40%.

Baseando-se no poder do recrutamento anonimizado, meu departamento decidiu utilizá-lo na hora de contratar um novo professor. Queríamos realmente contratar a melhor pessoa para o cargo, mas eu tinha acabado de fazer um estudo com minha pós-doutoranda Ksenia Keplinger mostrando que, na contratação de professores de administração, o prestígio da instituição que concede o doutorado ajuda a pessoa a ser selecionada. Todo mundo quer contratar um professor de administração que fez doutorado em uma instituição como Wharton, Harvard ou Stanford. Suponho que daria para argumentar que esse é um tipo de viés – a favor de instituições renomadas. Daria para argumentar que poderia ser algo bom ou ruim – se você acredita que a instituição na qual fez o doutorado é indicador de sucesso futuro. Mas, no meio acadêmico, você é avaliado sobretudo com base em suas publicações em periódicos revisados por pares, que funcionam como métrica de sucesso em avaliações de desempenho. Daria para argumentar, portanto, que, em vez de selecionar candidatos com base no prestígio da instituição que concedeu o doutorado, o critério deveria ser o histórico de publicações.

Mas havia outro viés. O prestígio do programa de doutorado previa a colocação em uma escola de negócios de primeira linha apenas para docentes do sexo masculino. O histórico de publicações, por outro lado, previa a colocação das mulheres. E por que, depois de obter um título de uma escola renomada, homens e mulheres viveriam uma experiência diferente? Como o homem já é percebido como competente por natureza, um sinal adicional de competência, como um doutorado em uma instituição de elite, confirma que é excepcionalmente capaz. Já que mulheres e minorias étnicas são vistas como menos competentes, o mesmo sinal de competência não nos convence de que são os melhores candidatos para a vaga. Também precisamos verificar seu histórico de publicações, sua avaliação como docente, cartas de recomendação – em busca de alguma falha que confirme nossa impressão de que não são boas o suficiente. Com isso, mulheres, pessoas não brancas e mulheres não brancas precisam satisfazer critérios mais rigorosos do que o típico homem branco.

Nós, no departamento de administração da Leeds School of Business, definitivamente não achávamos que éramos os únicos do mundo isentos desse tipo de preconceito, por isso decidimos anonimizar o processo inteiro de seleção. Contratamos um aluno para ingressar os dados de cada candidato (número de publicações, classificação de periódicos, número de apresentações em conferências e avaliações como docente) em uma planilha e criamos um algoritmo de seleção. A lista de finalistas acabou com três mulheres e um homem asiático. No final, contratamos duas das mulheres. Para mim, uma das melhores coisas desse processo é que ninguém pode dizer que as duas foram contratadas devido ao gênero.

Contar

Todo mundo já ouviu dizer algo como "o que é medido importa". E isso vale para a diversidade.

De todas as intervenções, estabelecer metas é a medida mais eficaz que uma organização pode tomar para aumentar a diversidade. Em minhas entrevistas com CEOs de algumas das melhores empresas americanas, incluindo Starbucks e Medtronic, muitos me disseram que tinham estabelecido metas de diversidade.

Um primeiro e necessário passo nesse processo envolve a definição de parâmetros de referência. Para tanto, quem contrata precisa considerar a população na qual está buscando. Imagine que esteja procurando um engenheiro e queira recrutar mais mulheres. Qual é seu parâmetro de referência? A população? Um pouco mais de 50% da população dos Estados Unidos é de mulheres. Outra hipótese seria usar como referência formandos em engenharia: 20% deles são mulheres. Outra, ainda, seria pegar a média do setor: somente 11% dos engenheiros atuantes são mulheres. Uma última possibilidade seria ver o que líderes de certos setores estão fazendo. Da última leva de engenheiros que o Facebook contratou, 27% eram mulheres. Esse poderia ser o parâmetro. Mas usar esses números faz sentido se você estiver no Japão? Em Omã? Não. No Japão, apenas 5% dos engenheiros são mulheres; em Omã, 53%. Resumindo, é preciso definir o que é um parâmetro de referência relevante – e tomara que seu objetivo seja ir além do *status quo* – e, com base nisso, estabelecer suas metas.

É importante frisar que o sucesso, em se tratando de diversidade, não depende só do que ocorre na base da hierarquia; é essencial que haja diversidade de alto a baixo na organização. "Se olharmos ao redor e dissermos: 'Veja só, dos novos contratados, 50% são mulheres, mas na alta gerência, só 20%', é porque há algo errado aí, algo sistêmico", disse Derek Bang, diretor de estratégia e inovação da empresa de auditoria e consultoria Crowe. "Alguma coisa não estamos fazendo certo", completou. Dados são um excelente lugar para começar a se concentrar em onde os problemas realmente estão e onde, em um processo, o viés sistêmico pode estar atuando. Isso feito, é possível partir conscientemente para a identificação de soluções. O elo entre diversidade e inovação tem profundas raízes na estratégia da empresa. A empresa sabe muito bem que trazer perspectivas e talentos diversos para a mesa acaba levando a mais criatividade e a ideias inovadoras.

Bang levanta uma questão importante. Uma empresa não é realmente diversa, nem pode se beneficiar da diversidade, se todas as minorias étnicas estiverem agrupadas na base, no topo ou no meio da organização. Não contribui para a paridade de gênero ter todas as mulheres no RH e todos os homens na TI. Em outras palavras, atentar para o nível médio de diversidade não é tão importante quanto considerar a diversidade de equipes. Quando há diversidade em uma equipe, temos o benefício da reunião de diferentes ideias e perspectivas.

Em suma, todos se beneficiariam com o ABC da superação de vieses, começando com o primeiro passo, o de admitir que temos preconceitos inconscientes e que as pessoas à nossa volta, também. Com isso como base e algumas ferramentas para abordar o problema, podemos começar a avançar na inclusificação.

3

Três lições para seguir o caminho da inclusificação

"Diversidade e inclusão afetam a capacidade de uma empresa de ter sucesso. Não quero investir em empresas retrógradas, pois elas correm o risco de ficar obsoletas. É por isso que é a coisa certa a fazer. Sem contar que é pura questão de justiça que todos possam participar plenamente de nossa democracia capitalista."

John Rogers Jr., presidente do conselho, co-CEO e diretor de investimentos da Ariel Investments (Inclusificador)

Poucos líderes que conheço iniciaram a carreira como Inclusificadores. Em geral, viraram Inclusificadores depois de uma jornada que exigiu pequenas mudanças e experiências profundas. Para mim, o protótipo ideal do Inclusificador é Marc Benioff, co-CEO da empresa de bilhões de dólares Salesforce e autor do livro *Trailblazer: The Power of Business as the Greatest Platform for Change*.[1] Mas, antes de sair às ruas com outros funcionários da empresa na Marcha das Mulheres em 2017, Benioff teve de viver sua própria jornada inclusificadora.

Conheci Benioff em uma conferência organizada por Billie Jean King como parte de sua iniciativa de liderança. Fui lá como palestrante, para explicar que, por mais que repitamos o argumento da diversidade, se não pudermos alcançar o coração das pessoas e tornar o tema relevante para elas, será difícil convencê-las de que a mudança de comportamento é necessária.

Benioff estava sendo homenageado por seu apoio às mulheres na Salesforce. Fiquei fascinada ao ouvir ele discursar sobre por que achava a igualdade tão importante. Queria saber o que havia acontecido para torná-lo um Inclusificador. Perguntei se poderia entrevistá-lo como parte da minha pesquisa na próxima vez em que estivesse em Bay Area. Meses depois, lá estava eu, na sala dele. Em meio ao burburinho das reuniões à nossa volta, ele relembrou o caminho que percorrera para virar um Inclusificador.

Benioff sempre acreditou na importância do pertencimento como imperativo cultural, mas nunca tinha pensado sobre como vieses institucionais e diferenças pessoais acabam impedindo que todos pertençam. Em 2015, obviamente, ele percebia que havia mais homens do que mulheres na Salesforce, mas isso era esperado; afinal, no Vale do Silício, há muito menos engenheiras do que engenheiros. Isso posto, Benioff notou também que a retenção de mulheres na Salesforce era menor e que elas não estavam assumindo cargos de liderança na mesma proporção que os homens. Um dia, durante uma conversa franca com uma líder mulher, Benioff perguntou o que mais ele poderia fazer pelas mulheres da empresa. Ela respondeu: "Bom, que tal equiparar os salários?".

Benioff ficou surpreso. Ele achava que ali na empresa as mulheres recebiam o mesmo que os homens, mas, quando foi averiguar, descobriu que não. As funcionárias da Salesforce recebiam menos do que os homens, apesar de apresentarem o mesmo rendimento. Foi um grande baque para ele. Quase todo mundo tem a necessidade de acreditar que o mundo é justo; é a chamada "hipótese do mundo justo". Essa necessidade é tão forte que as pessoas são mais inclinadas a culpar a vítima por seu destino do que aceitar que coisas ruins podem acontecer com gente boa.[2] As pessoas são particularmente inclinadas a depreciar vítimas de injustiça quando julgam que estas não têm poder para resolver a situação. Mas a empresa era de Benioff. Ele podia, sim, mudar as coisas se houvesse injustiça! E foi o que se propôs a fazer.

Afinal, a ideia era criar uma família, o que significava tratar todos de forma justa. Benioff não só ajustou os salários para garantir equiparação, mas também resolveu se informar mais sobre todas as outras coisas que não sabia sobre a experiência dos funcionários na empresa.

O executivo conversou com pessoas de diferentes origens étnicas e culturais, participou de reuniões de grupos Ohana (termo usado na Salesforce para reuniões de grupos de apoio a funcionários) e leu estudos sobre vieses inconscientes para entender melhor a questão. Com o tempo, esses atos conscientes, como tentar compreender como os outros vivenciavam a rotina diária na Salesforce, o levaram inconscientemente a inclusificar. Hoje, é algo natural: todas as decisões que Benioff toma buscam congregar as pessoas. Para ele, igualdade é algo contagiante. Se acredita na igualdade para as mulheres, como não acreditar também para pessoas não brancas, com deficiência ou membros da comunidade LGBTQ?

Graças à determinação da empresa de valorizar a contribuição singular de cada um e criar pertencimento, a Salesforce é constantemente eleita uma das empresas mais inovadoras dos Estados Unidos, bem como um dos melhores lugares para trabalhar – e Benioff, um dos melhores CEOs. A empresa também registra um crescimento astronômico (30% ao ano), com uma projeção de receita no exercício fiscal de 2019 de 13,1 bilhões de dólares.[3]

O caminho da inclusificação

Assim como Benioff teve de aceitar o fato de que vieses inconscientes estavam influenciando o salário de mulheres para poder implementar mudanças na Salesforce, a maioria dos Inclusificadores que conheci precisou passar por um processo de reconhecimento de seus próprios vieses inconscientes – para torná-los conscientes. Quando temos conhecimento de nossos preconceitos, podemos superá-los, se assim quisermos. Foi só depois disso que esses líderes passaram a fazer mudanças estruturais em suas organizações para garantir equidade e diversidade. Embora inclusificar seja um processo contínuo, muitos líderes tiveram uma experiência semelhante à de Benioff.

A trajetória de conversão deles em Inclusificadores, em linhas gerais, foi mais ou menos assim: tiveram de se conscientizar de seus vieses inconscientes, mudar o comportamento quando um viés se tornava consciente e trabalhar para exibir uma conduta inclusificadora. Depois de um tempo, inclusificar virou algo automático, sobre o qual nem precisavam pensar. Virou simplesmente seu jeito de ser.

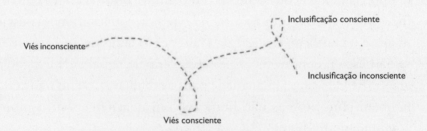

Do viés inconsciente ao viés consciente

O capítulo anterior discutiu o viés inconsciente e como superá-lo. O passo seguinte é tornar o viés consciente. Isso, é claro, não significa ter um preconceito consciente contra certas pessoas, mas promover uma conscientização maior sobre vieses inconscientes que nutrimos, para evitar que afetem nosso comportamento – além de uma conscientização sobre como certos sistemas podem desfavorecer determinadas pessoas.

Três lições indispensáveis

Há três pontos fundamentais a serem lembrados antes de inclusificar: primeiro, o campo onde o jogo ocorre não é nivelado; as pessoas precisam percorrer distâncias distintas para chegar a um mesmo lugar. Segundo, sistemas enraizados podem inibir seus esforços de diversidade e inclusão. E, terceiro, estamos vivendo em um mundo pós-#MeToo.

Lição 1: o campo do jogo não é nivelado

Ainda que você seja daqueles que acreditam que todo mundo começa em pé de igualdade, o escândalo da fraude no processo de admissão de faculdades americanas em 2019, que revelou pais endinheirados pagando altas cifras em propina a inspetores de exames para melhorar a nota dos filhos ou subornando técnicos para aceitar falsos atletas em times de universidades e garantir a admissão, provou que alguns conseguem mais fazendo menos.

Muita gente argumenta que é fácil ignorar informações do passado de alguém ou que é injusto usar vantagens relativas de um candidato em seu detrimento ao tomar decisões de contratação ou promoção. A meu ver, isso só serve de distração. Ainda que você não ligue para justiça social e diminuição da desigualdade, sua organização vai ganhar com a contratação de pessoas que conseguiram mais com menos – pois elas têm uma série de habilidades que ajudarão sua organização.

No livro *The Person You Mean to Be: How Good People Fight Bias*, Dolly Chugh tece uma ótima analogia.[4] A autora compara o ponto de partida de cada pessoa com um voo entre Nova York e Los Angeles, nos dois sentidos. A ida de Nova York a Los Angeles leva em torno de 40 minutos a mais do que a volta, pois, ao cruzar o céu no sentido oeste, o avião pega ventos de proa, o que reduz sua velocidade. Ou seja, no mesmo tempo que você levaria para ir de Los Angeles a Nova York, no sentido contrário chegaria apenas até Denver. Já na volta o avião recebe a ajuda dos ventos de cauda, que dão um empurrãozinho e fazem com que a aeronave avance mais depressa. É por isso que o voo com destino a Nova York, em vez de cinco horas e meia, dura menos de cinco.

A analogia dos voos é fácil. Não dá para contrariar a física. Já quando se trata de pessoas, as forças que empurram alguém para a frente ou impedem que avance são muito mais difíceis de enxergar. Um estudante que teve de trabalhar para pagar a faculdade pode demorar mais para terminar o curso, mas isso nada diz sobre sua inteligência ou rendimento; significa apenas que pegou um vento de proa. Logo, quando um estudante desses vai de Nova York a Los Angeles em cinco horas, apesar do vento contrário, digo que ele é um "jato": voou mais rápido, com mais força e inteligência do que outros. É o tipo de gente que quero na minha equipe, na minha organização e na minha vida.

Uma das minhas alunas de graduação na Leeds, Sofia Montoya, nasceu com o coração do lado direito do peito e sem um dos dedos da mão direita, tudo por causa de uma condição genética. Passou os primeiros seis meses de vida na UTI neonatal. "Sou o único bebê daquela UTI que está vivo até hoje", me contou. Foi submetida a uma cirurgia cardíaca a céu aberto* ainda bebê e a outras operações para colocar um marca-passo. Até hoje tem dificuldades com atividades físicas

---

* Cirurgia cardíaca a céu aberto é o tipo de procedimento em que o coração é operado por dentro. [N. E.]

extenuantes. O fato de morar em um lugar localizado mais de 1.600 metros acima do nível do mar não ajuda muito.

Mas a razão pela qual Sofia se destaca a meus olhos é que ela é uma das melhores alunas da Leeds. E por que isso deveria ser surpresa? Estamos falando de alguém que nasceu com um fortíssimo vento contra, mas que teve nos exames finais do ensino médio as mesmas médias que os demais estudantes que ingressaram na Leeds. No ano passado, Sofia pagou cada centavo da mensalidade com um misto de crédito estudantil, bolsa e salário do trabalho em um hospital local. É fácil ver que, com tanto vento de proa, ela *tinha* de ser inteligente para chegar ao mesmo destino final – Boulder, digamos – no mesmo tempo que todos os demais. Ela é um jato, não um avião.

Como atrair os jatos?

E então, você não gostaria de ter alguém assim trabalhando em sua organização? A determinação que Sofia exibe claramente dá frutos.[5] Ela é porta-voz em escala nacional da Associação Americana do Coração e passa grande parte do tempo livre inspirando outros jovens com sua história de esforço e perseverança. Há pouco, criou um projeto – uma paixão sua – para promover a "Jump Rope for Heart", uma campanha de arrecadação de fundos que incentiva crianças a pular corda para levantar dinheiro para a associação.

Muitos dos Inclusificadores com quem falei disseram que tinham passado a considerar outras habilidades importantes no trabalho, como liderança, tenacidade e determinação – não só as notas nos exames finais da escola. Ampliaram critérios de mérito para incluir novas ideias que pudessem produzir pessoas diferentes deles mesmos. Esses parâmetros não representam, de forma alguma, um viés contra o estudante branco ou homem. Eles explicam o fato de que qualquer um pode ter superado enormes obstáculos. Talvez o obstáculo fosse uma doença ou achar um jeito de melhorar a cultura no campus da universidade. O candidato precisa apenas demonstrar perseverança.

Empresas fazem o mesmo em entrevistas ao utilizar perguntas comportamentais sobre liderança ou superação de desafios. São coisas importantes não só para aumentar a diversidade, mas também por ajudarem a prever o sucesso. A ideia é que, ao ampliar a definição estreita de mérito, é possível encontrar "jatos" que, sem isso, teriam passado batido. E é preciso reconhecer que, às vezes, as pessoas precisam pegar uma rota de voo indireta devido a turbulências inesperadas, podendo, portanto, demorar mais ou seguir um caminho menos tradicional para chegar ao mesmo destino. Mas, às vezes, essas pessoas são as melhores para o trabalho.

Reconheça seu vento de cauda

Um jeito simples de estar mais ligado aos ventos de proa dos outros é refletir sobre seus próprios ventos de cauda (sua boa fortuna).[6] As pessoas tendem a não pensar em tudo o que contribuiu para seu sucesso e, portanto, têm dificuldade para ver que nem todos podem ter tido a mesma sorte. Para ser sincera, não faz muito tempo que parei para pensar sobre meus próprios ventos de cauda. E isso porque fui posta na berlinda.

Estava dando uma palestra em uma fabricante de destilados, a Brown-Forman, quando o diretor de diversidade, Ralph de Chabert, me perguntou: "Stefanie, qual foi seu vento de cauda? Que vento a favor você tem?". A pergunta me tirou do eixo, pois cresci em uma família monoparental e morávamos em um bairro de baixa renda, com escolas ruins. Em geral, a gente pensa em ventos de cauda como coisas que facilitam sua vida, e nunca achei que minha vida tivesse sido muito fácil.

É claro que eu também tive ventos de cauda, mas, quando o Chabert me perguntou aquilo em frente a uma plateia cheia, como foi que me senti? Atacada, na defensiva. Queria refutar a ideia de ter tido alguma vantagem para mostrar tudo o que conquistei e provar que o que eu tinha era fruto apenas do meu esforço. Fiquei passada com a possibilidade de alguém ousar sugerir que eu recebera algum tratamento especial. Fiquei furiosa e me senti vulnerável.

No entanto, quando vi que estava caindo em um erro que alerto os outros a não cometer, respirei fundo e resolvi encarar o constrangimento. Engoli a raiva e abracei a vulnerabilidade. O que, indaguei, poderia ter facilitado minha rota de voo?

Meus ventos de cauda

- **Venho de uma família católica.** Nos Estados Unidos, ser católico ou cristão faz de você uma pessoa padrão. A maioria das pessoas festeja o Natal. Não preciso timidamente pedir para me ausentar do trabalho em datas especiais ou explicar que só como comida *kosher*.
- **Minha aparência é bastante normal.** Embora tenha alguns desvios em relação à minha altura, ninguém fica cochichando a meu respeito por eu ter alguma deficiência física significativa.

Prossegui:

- Ninguém jamais atravessou a rua para não cruzar comigo.
- Não tenho Transtorno de Estresse Pós-Traumático.
- Ninguém nunca acha que sou uma terrorista.

Posso admitir que a vida teria sido mais difícil para mim se não tivesse tido algum desses ventos de cauda? Claro que sim. Isso não significa que não dei duro ou que não mereço o que conquistei; mas me ajuda a entender que outras pessoas podem ter desafios diferentes dos que enfrentei. Isso me deixa mais empática em relação às experiências dos outros, pois entendo que enfrentaram desafios com que nem sequer posso sonhar. E, em vez de girar só em torno de mim e da minha história, se paro para pensar na história de outras pessoas, fico imediatamente mais empática.[7] Qualquer um pode fazer isso – e vou pedir que você também o faça. Pare um instante e pense nos ventos contra e a favor em sua vida. Para ajudar na reflexão sobre suas experiências, anote, no espaço reservado a seguir, coisas que podem ter colaborado para seu sucesso.

Que fatores em sua vida podem ter colaborado com seu sucesso?
_____
_____

Na ausência de cada um desses fatores, sua vida poderia ter sido mais difícil? Como?
_____
_____
_____

Lição 2: sistemas podem gerar desigualdade

A segunda lição tem a ver com remover obstáculos sistêmicos para certos grupos, em geral chamados de vieses sistêmicos. São leis, costumes e práticas que contribuem para desigualdades na sociedade. Ainda que as pessoas sejam totalmente imparciais, os sistemas nos quais operam ainda podem criar vieses. Há vieses no sistema que tornam muito mais difícil para um pobre nos Estados Unidos, por exemplo, realizar o sonho americano.

Indivíduos mais pobres costumam viver em lugares com escolas de baixa qualidade, o que significa que recebem uma base pior para entrar na faculdade. A capacidade de ingressar na universidade é, no geral, um benefício recebido pelos ricos, já que é algo muito caro. A própria *inscrição para concorrer a uma vaga* em uma faculdade é cara! Logo, quem precisa pagar pela própria educação normalmente precisa trabalhar ao mesmo tempo que estuda. O americano de classe média, que talvez não entenda ou nem imagine como isso afeta os estudantes, comete o erro de achar que quem precisa trabalhar para pagar o curso ou que demora mais para ser admitido é *menos inteligente*, em vez de simplesmente *menos rico*.

E, para aqueles que sustentam que grupos desfavorecidos têm mais facilidade para ingressar na faculdade, aqui vão algumas estatísticas:[8] menos de 5% dos alunos das melhores universidades vêm dos 20% da população com menor renda; em Yale, somente cerca de 2% dos alunos vêm de famílias com renda inferior a 20 mil dólares ao ano – os 20% da população de menor renda. Por outro lado, a renda média dos pais de um aluno de Harvard é de cerca de 170 mil dólares ao ano. É a *média*. E não é só Harvard; 21% dos pais de alunos da Dartmouth estão entre o 1% mais rico da população, com uma renda de mais de 630 mil dólares ao ano.

Agora, na questão da raça, um dos vieses inerentes contra minorias (principalmente negros e hispânicos) é que teriam menos riqueza. Para cada dólar de riqueza em mãos de brancos nos Estados Unidos, uma família negra tem 5 centavos. Hispânicos, 6 centavos. Uma vez que a condição socioeconômica é o melhor indicador de riqueza futura, as razões da disparidade racial no sucesso ficam evidentes.

Reprograme o sistema

Em 2014, a revista *Wired* analisou as cinco universidades onde empresas como Microsoft, IBM, Google, Apple, Yahoo, Facebook e Twitter mais recrutavam.[9] Três eram instituições particulares (caras) de elite: Stanford, Carnegie Mellon e MIT. Havia duas instituições públicas: UC Berkeley e Universidade de Washington. E, como sabemos que a relação entre riqueza e frequentar escolas de elite é grande, é óbvio que recrutar nessas instituições limita bastante o universo de candidatos. Qualquer empresa pode facilmente começar a contratar de um universo maior de escolas.

Mas vieses sistêmicos afetam mais do que a contratação. Também podem ter impacto na promoção e no sucesso no trabalho de forma geral. Uma organização com a qual trabalhei, por exemplo, exigia que toda pessoa passasse um tempo trabalhando no exterior para ser promovida ao escalão da vice-presidência. Isso significava que passaria pelo menos um ano trabalhando em outro país. Os dados da própria empresa mostravam que essa exigência estava impedindo o avanço de muitas líderes mulheres ali dentro. Além disso, líderes contratados no mercado para esse mesmo escalão nem sempre tinham experiência internacional, o que levantava a dúvida se a vivência no exterior era mesmo essencial. Uma mudança simples, como não exigir esse tempo fora ou dar mais recursos para a mudança e a integração da família de expatriados, poderia tornar o sistema mais justo.

As mulheres também enfrentam vieses sistêmicos porque são penalizadas por terem filhos, ao passo que os homens, não. No caso de mulheres não brancas, o preconceito é duplo. Susan Wojcicki, CEO do YouTube, mostrou como a flexibilidade pode melhorar a retenção de mulheres. De certo modo, Wojcicki fez parte do Google desde o início, pois os fundadores, Larry Page e Sergey Brin, montaram um escritório na garagem dela quando a empresa começou. Mas 2014 pode ter sido o melhor ano da vida de Wojcicki. No mesmo ano em que assumiu o cargo de CEO do YouTube, ela deu à luz seu quinto filho. Não só deu o exemplo para outras mulheres na organização ao tirar licença-maternidade, como também batalhou para aumentar a licença para 18 semanas. Quando a entrevistei, Wojcicki explicou que fez isso para romper vieses institucionais que afetam injustamente as mulheres, garantindo uma licença-maternidade maior e recursos para grupos de apoio interno a mulheres. Segundo ela, o número de mulheres que deixam o Google caiu pela metade após as mudanças. *Pela metade!*

Lição 3: vivemos em um mundo pós-#MeToo

É impossível falar de diversidade e inclusão em 2020 sem reconhecer o impacto que o movimento #MeToo teve na sociedade. Celebridades como Alyssa Milano, Rose McGowan (autora de *Brave*[10]), Ashley Judd,

Megyn Kelly e todas as outras mulheres (famosas ou não) que se expuseram a ataques e críticas ao contar sua história criaram um ambiente de trabalho mais consciente e equitativo para todas nós.

Em uma feliz e inesperada coincidência, em 2016, meu laboratório tinha feito um estudo em grande escala sobre assédio sexual no trabalho – antes de o movimento #MeToo explodir em 2017. Em 2018, repetimos o estudo original para descobrir se a situação mudara.[11] Na consulta a mais de 500 trabalhadores por todos os Estados Unidos, foi revelado que 66% das mulheres diziam ter recebido atenção sexual indesejada no local de trabalho em 2016, cifra que caiu para 25% em 2018. Em 2016, 25% das mulheres em nosso estudo foram alvo de coação sexual no trabalho, ante 16% em 2018.

Também entrevistamos um grupo de mulheres em 2016 e voltamos a ouvi-las em 2018 para saber se, na opinião delas, o #MeToo tinha mudado algo no ambiente de trabalho. As entrevistadas relataram sentir menos vergonha e mais apoio sobre sua própria experiência de assédio sexual, ressaltando a importância de mulheres apoiando mulheres no trabalho. Uma delas explicou que o #MeToo tinha transferido a culpa da assediada para o assediador.

"Antigamente, diziam 'E o que você estava fazendo na rua às duas da manhã? Coisa boa aposto que não era'. Agora, acho que o público está colocando a atenção onde devia estar, que é no repúdio e na revolta contra o agressor." Além disso, dados quantitativos revelaram que o assédio sexual já não causava tanto dano à autoestima da mulher em 2018 quanto causava em 2016.

É claro que nem toda notícia é boa. Também descobrimos que as mulheres estavam vivendo uma onda de resistência no trabalho – 93% delas relataram ter sido alvo de hostilidade no trabalho em 2018! Em 2016, essa cifra era de 76%. As mulheres entrevistadas disseram a mesma coisa: "Há uma crescente hostilidade em relação às mulheres que foram empoderadas pelo movimento #MeToo e que não estão mais aceitando tudo caladas".

Em sintonia com nosso estudo, vários outros expõem desafios ligados ao mundo pós-#MeToo. Homens, por exemplo, dizem ter medo de ser falsamente acusados e mostram menos vontade de ser mentores de mulheres ou até de ficar a sós com mulheres no trabalho.[12]

E o que isso tudo tem a ver com inclusificação? A meu ver, precisamos iniciar um processo coletivo de cura e derrubar barreiras entre homens e mulheres que estão criando uma mentalidade de "nós *versus* eles". Recomendo treinamento de intervenção de observadores para ajudar a tornar os homens aliados contra o assédio no trabalho. Quero ressaltar, ainda, que o medo sentido pelos homens é bem real para eles, ainda que dados mostrem que falsas acusações são raríssimas. Da mesma forma que as mulheres precisam de interlocutores com empatia para ouvir nossa experiência, precisamos olhar com empatia o fato de que o local de trabalho está mudando para o homem – e toda mudança é difícil.

O #MeToo também mostrou como sistemas organizacionais podem proteger predadores no trabalho (o livro *Operação abafa: predadores sexuais e a indústria do silêncio*, de Ronan Farrow, mostra isso muito bem[13]). Profissionais de RH precisam pensar profundamente sobre como seus sistemas são projetados e se são realmente capazes de criar um ambiente seguro e produtivo para todos. Ser proativo em relação ao assédio sexual pode poupar bilhões de dólares a organizações; escândalos no mundo corporativo como os vistos durante o #MeToo custam em média 4 bilhões de dólares por empresa.[14] O custo psicológico para quem é assediado é muito maior. Logo, toda organização precisa seguir vigilante e continuar a melhorar sistemas e processos.

Rumo à inclusificação consciente

Agora que você já confrontou seus vieses inconscientes e refletiu sobre como desigualdades podem sabotar a diversidade, é hora de avançar rumo a um esforço consciente para inclusificar. Nos capítulos a seguir, vou mostrar as melhores medidas iniciais que todo líder deve tomar para melhorar sua capacidade de inclusificar. Todas essas dicas e técnicas podem ser livremente combinadas. Também vou abordar cada uma das Quatro Loucuras que líderes cometem e explicar como pivotar para seguir o caminho da inclusificação.

4

O Gerente Meritocrático

Desde quando ter mérito é ruim?

"Não quero saber se quem está sentado à minha frente é preto ou branco, se é laranja ou verde. Preciso da pessoa mais inteligente, pois isso só me ajuda. Nesse sentido, sou muito egoísta."
Alto executivo, distribuição global

Gerente Meritocrático: origens

Em meio ao trabalho de liderar e unir equipes heterogêneas, a maioria dos líderes sente dificuldade para atingir metas. Pode ser o seu caso. Talvez você queira diversificar uma equipe de alto desempenho mas esteja com dificuldade para achar homens não brancos à altura do desafio. Ou, então, a equipe já é diversificada, mas seus membros não brancos não parecem tão engajados e não apresentam rendimento tão bom quanto o dos demais, e você se pergunta como motivá-los. Seja qual for o caso, você sente que é preciso promover mudanças.

O problema é que você quer sempre contratar a melhor pessoa para o cargo e espera excelência de todos os funcionários. Basicamente, você acredita em mérito.

O Gerente Meritocrático põe o ideal do mérito acima de tudo e, portanto, tenta contratar, promover e recompensar com base exclusivamente no desempenho. Não há nada de errado em esperar excelência, e a maioria dos Gerentes Meritocráticos provavelmente crê que esse foi o segredo de seu próprio sucesso. São pessoas que provavelmente sempre deram duro e viram seu esforço traduzido em sucesso – no esporte, nos estudos, no trabalho. Se um dia não venceram um campeonato, treinaram mais na temporada seguinte. Se não tiraram um 10, contrataram um professor particular e estudaram mais. Soa familiar? A pessoa que estou descrevendo seria você?

Posso entender. Eu também acreditava em mérito. Durante o ensino médio, quando varava a noite estudando no meu *futon* preto com um balde de refrigerante ao lado, usava esse ideal para manter a motivação e tentar melhorar cada vez mais. Como tantos, idolatrava figuras que fizeram a própria fortuna – bilionários como Ralph Lauren, Howard Schultz, Oprah Winfrey e Michael Jordan –, pessoas que nos inspiram a acreditar que também podemos ser bilionários. O sucesso não é algo inatingível se nos esforçarmos mais e mais. E sucesso gera sucesso. Toda vez que estipulamos uma meta e com muito esforço e sacrifício a atingimos, nossa crença de que, se tivermos cabeça, ou talento, ou garra suficientes, o esforço dará frutos ganha força; para nós, isso vira uma verdade. Esse é o apelo inerente de acreditar na meritocracia. Para mim, acreditar na meritocracia era reconfortante. Sem essa crença, de que valeria tentar?

Quem é a melhor pessoa para o cargo?

Se você acredita em meritocracia, se acredita que quer apenas "contratar a melhor pessoa para o cargo" ou que "não quer ser menos exigente", ou que esforço multiplicado por capacidade é igual a sucesso, ou que o sucesso se deve exclusivamente ao esforço, então a falta de sucesso de outra pessoa só pode significar que ela não se esforçou o suficiente. Não estava disposta a fazer o que é preciso. Portanto, faz sentido contratar alguém com as melhores credenciais. Por sua definição de mérito, isso significa recrutar entre os mais inteligentes e os que mais se empenharam.

Mas pare e se pergunte: será que certas pessoas não têm as credenciais sem ter se esforçado? O escândalo recente de admissão a faculdades americanas que mencionei lá atrás, no qual famosos e outros pais abastados pagaram a uma organização sem fins lucrativos falsa para que os filhos entrassem em algumas das melhores universidades do país, mostrou claramente que nem toda credencial é merecida. E, se é possível que certas pessoas se deem bem por métodos outros que não o mérito, será também que não há gente com muito mérito que foi injustamente impedida de atingir suas metas? Pode ser que o sistema não seja perfeitamente justo. Talvez não seja intencional, mas a sutil decisão de ignorar ocasiões em que o mérito falha e a sorte (ou mera trapaça) prevalece é o que leva Gerentes Meritocráticos a justificar a falta de diversidade e a tratar a injustiça como um aspecto infeliz, mas intratável, da sociedade.

Em um estudo que ilustra a questão, pesquisadores contrataram atores para se candidatar a 340 vagas de trabalho em Nova York. Os participantes eram latinos, negros ou brancos. Os pesquisadores criaram currículos falsos com qualidade idêntica. Os atores, que foram treinados para exibir um comportamento padronizado durante entrevistas, participaram então de processos seletivos reais. Sua capacidade de conseguir uma segunda entrevista ou o emprego foi avaliada pelos pesquisadores. Os resultados foram surpreendentes. A probabilidade de que os candidatos negros fossem chamados para uma nova entrevista ou recebessem uma oferta de emprego era *metade* da dos brancos, embora sua qualificação fosse idêntica. Além disso, candidatos negros e latinos sem antecedentes criminais não se saíram melhor do que candidatos brancos recém-saídos da prisão.[1] Isso significa que a diminuição no status de alguém só por não ser branco é parecida à de alguém condenado por um crime. O mérito teve algum papel na escolha dos candidatos brancos em detrimento de negros e latinos? A tendência de quem está contratando de favorecer nomes supostamente brancos sugere um problema social realmente insolúvel ou um caso facilmente identificável de viés contra nomes associados a asiáticos, negros ou latinos? É, sim, um problema retificável – se estivermos dispostos a reconhecer que barreiras como disparidades de tratamento e vieses inconscientes podem minar um sistema fundado no mérito.

A loucura do Gerente Meritocrático

Ao usar uma definição excessivamente restrita de mérito para tentar atrair os melhores, o Gerente Meritocrático volta e meia atira no próprio pé. Suas equipes são homogêneas, com zonas mortas* (áreas onde não recebem nenhum sinal ou dado), o que produz lacunas de competências. Diversos estudos já mostraram que grupos grandes de indivíduos, desde que diversificados, podem tomar decisões melhores do que especialistas, um fenômeno chamado de "sabedoria das multidões".[2] A tese é que todos cometemos pequenos erros ao julgar e tomar decisões. Se um grande grupo de pessoas for muito homogêneo, é provável que os erros de seus integrantes sejam mais parecidos entre si. Ou seja, quando tirada a média de suas respostas, o resultado pode ser equivocado. É a tal zona morta.

Já se o grupo for heterogêneo, os erros de seus membros *não serão correlacionados* e, portanto, a média de suas respostas provavelmente estará próxima à resposta correta. É tentador acreditar que escolher os mais inteligentes ou com mais experiência trará melhores resultados. Vez após vez, no entanto, constatamos que no plano individual ser inteligente é bom, mas que no caso da equipe a diversidade traz mais benefícios. A diversidade melhora a tomada de decisões, removendo as zonas mortas em sua organização.

---

* É a mesma ideia do ponto cego no espelho retrovisor do carro, embora *zona morta* seja um termo menos capacitista. Em alemão, isso é chamado de "*toter Winkel*" (ângulo da morte), pois pode causar colisões.

Não acredita que existem zonas mortas nela? Faça o experimento a seguir. Você já reparou no escotoma no seu campo de visão?

Cubra o olho direito e observe o *X* a seguir com o olho esquerdo. Em seguida, aproxime (ou afaste) o rosto da página até que *O* desapareça. Também é possível fazer o contrário: fechar o olho esquerdo e observar o *O*.

O   X

A certa altura, não dá mais para ver o *X*, certo? Isso posto, muitos de nós passamos a vida acreditando que tudo o que vemos à nossa frente é só o que há para ver. Agora, se todos temos um pequeno ponto cego na visão, imagine toda a informação que perdemos se tivermos uma lacuna de informação semelhante em nossa organização, os dados que deixamos de computar em nossa percepção das necessidades dos clientes, planos de concorrentes ou nossas próprias deficiências culturais.

Uma equipe é mais do que a soma de suas partes

Para ser mais exata, é preciso pessoas com habilidades diferentes para maximizar a eficácia do grupo. O fato é que não dá para montar um time de futebol americano só com *quarterbacks*. É o que chamo de "mito da multiplicidade": a tese de que existe um tipo de pessoa melhor do que todas as outras e que para montar o melhor time é preciso várias dela. Imagine, porém, uma equipe só de *quarterbacks* de 100 quilos quando o time adversário tem *linebackers* de 150 quilos. Seriam destroçados! Embora o *quarterback* costume ser o jogador "mais valioso", a diversidade cria um time mais eficaz. Do mesmo modo, sua equipe não vai conseguir desenvolver o melhor produto se todo mundo ali tiver o mesmíssimo *background* e as mesmíssimas experiências.

Se fosse montar uma equipe de alunos para uma competição de *cases*, eu não escolheria os cinco mais inteligentes com base no desempenho em testes (o melhor aluno para o projeto, multiplicado por cinco). Talvez começasse com o melhor aluno, mas depois tentaria complementar a equipe com gente com habilidades distintas; talvez alguém com experiência anterior em competições do gênero e um outro que escreva bem, outro bom para falar em público e uma última pessoa com talento para montar slides. A combinação de distintos padrões de pensamento e habilidades produz meios melhores de analisar dados e melhores resultados na apresentação.

Se você for um Gerente Meritocrático ou tiver certas tendências desse arquétipo, trazer à tona esses vieses pode ajudá-lo na hora de criar boas equipes diversificadas. Primeiro, há evidências de que o mero ato de pensar em meritocracia turva nosso processo decisório. Some a isso o fato de que rapidamente criamos novos padrões ao avaliar pessoas, e pode ser difícil ser a sua melhor versão de líder. Por sorte, há maneiras comprovadas de um Gerente Meritocrático começar a se despir de certos mitos e percepções equivocadas que o impedem de contratar a melhor pessoa para um cargo – e que dirá inclusificar.

O mito e o erro que movem o gerente meritocrático

O mito de que meritocracia significa maioria

É contraintuitivo, mas o mero ato de declarar que uma empresa promove a meritocracia torna os funcionários *menos* propensos a apoiar a escolha da *melhor* pessoa para uma vaga, *objetivamente* falando, favorecendo, no fim, um homem branco. Em um experimento com mais de 400 profissionais de RH, pesquisadores criaram currículos idênticos para dois candidatos igualmente qualificados. Os pesquisadores atribuíram aleatoriamente um nome de homem a um currículo e um nome de mulher ao outro. Em um cenário experimental, foi dito aos participantes que a empresa para a qual estavam contratando promovia a meritocracia – e, em outro, não disseram nada. Não devia ter havido diferença de gênero nas avaliações. Lembrando que esses profissionais de RH estavam analisando o *mesmo* currículo. Mas o resultado foi impressionante.

Os pesquisadores viram que, quando analisavam os currículos com a meritocracia em mente, os participantes faziam uma avaliação mais positiva do candidato do que da candidata, muito embora as qualificações deles fossem idênticas. Os resultados indicam que, quando orientadas a contratar com base na meritocracia, as pessoas acabam favorecendo homens brancos.

Quando disseram aos indivíduos que uma organização dava valor à meritocracia – premiando as pessoas de acordo com seu desempenho –, sua reação foi *favorecer* um funcionário do sexo masculino em detrimento de uma mulher *igualmente qualificada*. Tomar uma decisão de contratação com base na meritocracia tornou o processo decisório bem pouco meritocrático, com vantagens injustas para homens![3]

> AÇÃO INCLUSIFICADORA: **abolir a palavra *meritocracia*.**

Como explicar que, quando instruídos a usar a meritocracia como critério, a probabilidade de tomarmos decisões tendenciosas aumenta? Se você crê, ainda que inconscientemente, que mulheres, pessoas não brancas, mulheres não brancas e LGBTQ não são tão competentes quanto homens brancos (o que chamamos de "viés pró-homem branco"), sempre que contratar alguém que não seja homem e branco você vai achar que baixou o nível de exigência ou praticou uma ação afirmativa.* Aliás, experimentos mostram que, a menos que possa ser provado sem espaço para dúvida que uma mulher ou negro era o melhor candidato para uma vaga ou que a

---

* São chamadas de "ações afirmativas" políticas que utilizam recursos em benefício de pessoas pertencentes a grupos vítima de exclusão socioeconômica. Têm o objetivo de combater discriminações, sejam elas étnicas, raciais, religiosas ou de gênero, e facilitar o acesso de minorias a educação, saúde, emprego etc. [N. E.]

companhia é decididamente contra a ação afirmativa, as pessoas vão inferir que qualquer não branco ou mulher na empresa foi beneficiário de uma ação afirmativa.

Em um estudo, pesquisadores levaram um grupo de voluntários para um laboratório. Um dos participantes foi indicado para ser o líder. Para um terço dos grupos, o pesquisador disse que o líder havia sido escolhido com base no gênero, ao passo que o restante dos grupos ouviu que o líder tinha sido eleito com base no mérito ou no acaso. O interessante do estudo foi como os grupos com líderes mulheres reagiram quando disseram que a escolha se dera por causa do gênero.[4] Quando acreditavam que a mulher tinha sido escolhida por causa do gênero, membros do grupo culpavam essa líder por aquilo que dava errado e não lhe davam crédito quando algo dava certo. Mas eis o problema: outros estudos mostram que quase sempre partimos do princípio de que mulheres, pessoas não brancas e mulheres não brancas foram contratadas por causa de raça ou gênero.[5] E isso não é só em laboratório. Um estudo da Rockefeller Foundation mostrou que matérias em jornais atribuíam a culpa por crises organizacionais a CEOs 80% das vezes quando esse CEO era mulher e somente 31% das vezes quando o CEO era homem.[6]

Precisamos, claramente, achar um jeito de subverter essas barreiras mentais. Mudar o vocabulário é um bom ponto de partida.

ABOLIR	TROCAR POR
Acredito em meritocracia.	Quero alguém com uma nota excelente no exame final do ensino médio.
Vou contratar a melhor pessoa para o cargo.	A pessoa precisa ter dez anos de experiência.
Não quero baixar as exigências.	A pessoa precisa ter experiência internacional.

O importante é evitar usar o nebuloso vocabulário da meritocracia, pois isso leva as pessoas a pensar "homem branco".

E por que isso ocorre?

Vi como funciona a mente do Gerente Meritocrático durante uma apresentação que fiz sobre as vantagens da diversidade de gênero em conselhos de administração para uma plateia de executivos. Citei fatos:

- Mais mulheres no conselho tem correlação com maior retorno[7] e crescimento.[8]
- Mais mulheres na diretoria da empresa (cargos conhecidos como C-level) tem correlação com maior rentabilidade.[9]
- Mais mulheres na alta gerência tem correlação com maior rentabilidade.[10]
- Mais mulheres na organização tem correlação com maior rentabilidade[11] e maior retorno de ações.[12]
- Os benefícios da diversidade são ainda maiores para raça do que para gênero.[13]
- Mulheres e pessoas de cor precisam ter mais experiência em gestão do que homens brancos na mesma situação para conquistar seu primeiro assento em um conselho.[14]

Na primeira fila, alguém ergueu a mão. Era um homem branco de 50 e poucos anos – o típico integrante desse público. "Até entendo o que você está dizendo, mas acredito em meritocracia", disse ele.

É o velho lema do Gerente Meritocrático. Qual a crença por trás disso?

Respondi: "Totalmente de acordo. Mas o que isso tem a ver com contratar mais mulheres?".

"Veja bem, é preciso contratar a melhor pessoa para o cargo. Não dá para baixar as exigências."

Respondi: "Totalmente de acordo. Mas, se você for ler o estudo que citei, mostrando que a mulher precisa satisfazer critérios ainda mais rigorosos para conseguir um assento em um conselho, a impressão é que estão *subindo* as exigências para as mulheres, o que não faz sentido".

"Bom, mas estamos falando de uma empresa, e é preciso fazer o certo para ela e para os acionistas."

Respondi: "Totalmente de acordo. E os dados mostram que o melhor para a cotação das ações é ter um conselho com mais diversidade de gênero".

Vai ver, então, que as mulheres não estão se candidatando. Ou que todas as mulheres qualificadas já estão em algum conselho. Ou que deram uma pausa para ter filhos – pois, se tivesse mulher qualificada, haveria mais mulheres nos conselhos. Por quê? Porque o melhor sempre vence, e, se o melhor fosse uma mulher, ela seria contratada (esta última frase é minha interpretação do raciocínio dele).

O que vejo de Gerentes Meritocráticos, como esse, é que não estão cogitando a possibilidade de que seu protótipo de quem seria a "melhor pessoa para o cargo" pode estar errado. Em vez de realmente comparar candidatos ou discutir as distintas vantagens de cada um, ficam apegados a clichês que não exigem que parem e pensem no conteúdo de suas próprias crenças.

O erro de fabricar padrões

O maior erro que alguém pode cometer como Gerente Meritocrático é achar que é capaz de avaliar corretamente o mérito quando, sem saber, está *fabricando padrões* que sustentam suas crenças inconscientes. Todos nós nos julgamos capazes de avaliar pessoas e de reconhecer o talento quando o vemos. Livros como *Blink: a decisão num piscar de olhos*, de Malcolm Gladwell, dizem que devemos seguir nosso instinto, pois automaticamente colhemos uma grande quantidade de informações ao julgar outras pessoas.[15] E, sim, nosso poder de percepção é forte. Mas, quando o assunto é avaliar os outros, na maioria das vezes somos atraídos para pessoas parecidas conosco ou que se encaixam em algum protótipo. Ao escolher aquela da qual mais gostamos, fabricamos padrões para justificar por que ele ou ela é o melhor candidato.

Em um estudo, por exemplo, pesquisadores pegaram dois candidatos a policial, Michael e Michelle, e descreveram cada um de um jeito.

Disseram que um tinha conhecimento prático e o outro conhecimento teórico.[16] E perguntaram a participantes:

> Quem você contrataria para ser policial: uma mulher com conhecimento teórico ou um homem com conhecimento prático?

A maioria escolheu o homem com conhecimento prático, pois um policial precisa ter experiência de como agir nas ruas. E você, quem escolheria?
A outros participantes, a pergunta foi:

> Quem você contrataria para ser policial: uma mulher com conhecimento prático ou um homem com conhecimento teórico?

Os resultados do estudo mostraram que, quando o candidato homem foi descrito como alguém com conhecimento teórico, a educação formal foi percebida como mais importante para a função. Já quando o candidato homem foi descrito como alguém com conhecimento prático, essa experiência foi considerada mais importante. Quem está selecionando quer, inconscientemente, contratar um homem e, portanto, faz uma engenharia reversa do argumento do mérito para satisfazer sua preferência implícita. O cérebro, aliás, tem uma excepcional capacidade de interpretar informações e preencher lacunas. Tente ler a frase abaixo:

> Por icnrívle qeu praçea, seu crberéo cnosgeue ler palravsa msemo qaunod as letars esãot ebmarahadlas.

S1M1L4RLM3NT3, quando temos um favorito implícito, nossa engenhosa cabecinha é capaz de criar uma infinidade de critérios que definem "mérito" para justificar a contratação desse candidato. E até *nós* acreditamos que escolhemos a pessoa com base no merecimento. "O ser humano é especialista em interpretar toda nova informação de modo a manter intactas suas conclusões anteriores", disse Warren Buffett. É o que psicólogos chamam de "viés de confirmação", o que, basicamente, é a ideia de que vemos aquilo que esperamos ver.

Mas há um meio simples de evitar isso. Se decidir avaliar as pessoas antes de definir critérios, seu cérebro provavelmente vai se adiantar e preencher as lacunas, e você acabará escolhendo a pessoa que mais condiz com seu protótipo.

Já se definir critérios para a contratação *antes* de avaliar os candidatos, será mais fácil julgá-los pelos mesmos critérios e escolher o melhor de todos para o cargo. Isso significa, basicamente, começar do fim, com aquilo que procura, e ir retrocedendo até encontrá-lo.

> AÇÃO INCLUSIFICADORA: **definir os critérios antes de avaliar os candidatos.**

Quando critérios são definidos de antemão, a probabilidade de que Gerentes Meritocráticos tomem decisões ruins por seguir o instinto é menor.

Um gerente de contratação, por exemplo, pode decidir que o melhor candidato irá satisfazer os seguintes critérios:

- Trabalhar bem sob pressão.
- Saber lidar com conflitos.
- Ter tido sucesso ao liderar uma equipe.
- Mostrar resiliência diante de reveses.

Agora, cabe ao gerente apenas avaliar cada candidato de acordo com esses critérios. E por que isso é tão importante? Porque a maneira como interpretamos uma informação é influenciada pelo protótipo que temos daquilo que estamos buscando. Um rapaz branco que nunca terminou a faculdade pode se encaixar no molde porque é inteligente e arrojado; já um latino que não terminou a faculdade parece não ser qualificado – oras, nem diploma universitário tem! Um geniozinho das finanças recém-formado parece um achado se for homem, mas inexperiente se for mulher. Definir critérios antes de avaliar as pessoas ajuda a evitar vieses involuntários e duplicidade de critérios, ou padrões duplos. Naturalmente, o ideal é que os critérios utilizados sejam neutros. Mas, ainda que não o sejam, o fato de que são aplicados a todos já ajuda.

# Estratégias de liderança para Gerentes Meritocráticos

> "Não é difícil de entender. Quanto mais a empresa refletir a base de clientes, mais sucesso ela terá. É toda a riqueza de ideias e de pontos de vista. Esse é realmente o fundamento da nossa diversidade e inclusão."
> *Dennis Glass, CEO, Lincoln Financial Group (Inclusificador)*

Para entender como a Gestão Meritocrática pode dar errado, mas, com um pouquinho de inclusificação, ser corrigida, é só olhar para o Vale do Silício. Em geral, grandes mudanças culturais exigem uma nova liderança, o que significa que a empresa terá de trocar o CEO.

Chris Wanstrath, ex-CEO do GitHub (uma plataforma de desenvolvimento de software), é meu protótipo de Gerente Meritocrático. Wanstrath e o outro fundador da rede cultuavam de tal forma a ideia da meritocracia que mandaram fazer um tapete para a recepção da sede com o lema "Unidos da Meritocracia do GitHub".[1] Esse compromisso com a meritocracia significava ter uma organização horizontal, sem gerentes, seguindo a premissa de que, se todos estão competindo em uma meritocracia, não é preciso superiores para avaliar o desempenho.[2] A meritocracia do GitHub era dominada por homens. O que isso significava? Pela lógica, se Wanstrath achava mesmo que a melhor pessoa sempre vence, a única explicação é que ele também achava que as mulheres têm menos mérito do que os homens, fazendo inferir que mulheres, pessoas não brancas, mulheres não brancas e LGBTQ não são igualmente competentes.

O que muitos Gerentes Meritocráticos desconhecem são todos os estudos mostrando que as mulheres precisam ter mais qualificação do que os homens para obter as mesmas oportunidades. Esses estudos indicam que mulheres, pessoas não brancas e mulheres não brancas não chegam tão longe não porque seu currículo seja pior ou porque tenham menos ambição, mas porque costumam ser julgadas por critérios mais rígidos devido ao viés inconsciente. Dados mostram, por exemplo, que uma mulher precisa ter consideravelmente mais tempo de experiência do que um homem para ocupar um assento em um conselho de administração.[3] Na minha área na academia, uma professora precisa ter um histórico de publicação melhor do que o de homens para chegar a ser titular ou receber uma promoção.[4]

O GitHub acabou virando um deserto de mulheres – e muitas das que sobraram diziam que era horrível trabalhar lá.[5] Em 2017, a plataforma anunciou uma conferência sem nenhuma mulher na lista de palestrantes e teve de cancelá-la por causa das críticas recebidas. É assim que muitos Gerentes Meritocráticos se metem em apuros. Quando a falta de diversidade na equipe ou na organização fica tão evidente que outras pessoas passam a reclamar, eles precisam começar a inclusificar ou serão forçados a deixar o cargo.

Foi o que aconteceu com Wanstrath. Quando a Microsoft comprou o GitHub, o executivo foi logo substituído. O novo CEO, Nat Friedman, diz que a empresa "faz de tudo para criar as comunidades mais inclusivas que puder – on-line, em nossas equipes e em cidades ao redor do mundo". Um estudo da Deloitte mostra que a probabilidade de uma organização mais inclusiva ser mais inovadora é seis vezes maior, a de prever mudanças e reagir de forma eficaz, idem, e a de cumprir ou superar metas financeiras, duas vezes maior. É interessante notar que, no ano passado, o número de desenvolvedores no GitHub subiu de 24 milhões para 31 milhões e o de empresas que usam a plataforma cresceu de 1,5 milhão para 2,1 milhões.

Os méritos da inclusificação

Um dos principais obstáculos à conversão do Gerente Meritocrático em Inclusificador é que esse gerente simplesmente não vê as vantagens da diversidade. Como o maior número de Gerentes Meritocráticos que vi foi em vendas, apresento aqui o argumento pró-diversidade em vendas, que é simples. Os Estados Unidos, por exemplo, são um país cada vez mais heterogêneo: 43% dos 75 milhões de millennials se identificam como asiáticos, negros ou hispânicos. É um grande universo potencial de clientes não brancos. O poder de compra de afro-americanos é de 1,2 trilhão de dólares; em 2021 será de 1,5 trilhão de dólares. Sabemos, também, que as mulheres tomam 75% das decisões de consumo. Quem quiser capturar o poder de compra de mulheres e de pessoas não brancas vai ter de entendê-las. É por isso que a probabilidade de que empresas onde há diversidade capturem novos mercados é 70% maior do que a de adversárias homogêneas.[6] E isso significa mais vendas: um aumento de 1% na diversidade de gênero produz uma alta de 3% nas vendas; um aumento de 1% na diversidade racial gera um aumento de 9% nas vendas.[7]

Portanto, se estiver convencido a virar um Inclusificador, sugiro dois passos a serem tomados logo de início: 1) anonimizar avaliações para aumentar a imparcialidade e 2) adotar uma *transparência agressiva* para deixar mais claro como são tomadas as decisões. Anonimizar avaliações aumenta a percepção de justiça, o que encoraja a singularidade, ao passo que ser transparente sobre processos ajuda as pessoas a sentir que pertencem.

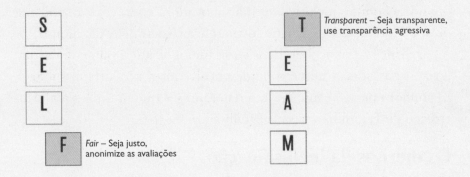

Anonimize as avaliações

Gerentes Meritocráticos em geral precisam ver em primeira mão evidências de viés para seguir o caminho da inclusificação. Anonimizar avaliações é, portanto, um ótimo ponto de partida para essa jornada de inclusificação. Jon, executivo de uma grande empresa de serviços financeiros, me mostrou como anonimizar avaliações pode ajudar a aumentar a compreensão de vieses por Gerentes Meritocráticos. Segundo ele, sua organização usa uma variação das avaliações anonimizadas para definir promoções a sócio. Em um quadro, anotam duas listas de nomes.

LISTA DE CANDIDATOS A SÓCIO	LISTA OBJETIVA DE FUNCIONÁRIOS DE MELHOR DESEMPENHO
John	Ming
David	Jane
Erick	Marco
Peter	Chun

À esquerda, ficava o nome de todos os candidatos a sócio. À direita, o nome dos colaboradores de melhor desempenho à luz de uma série de critérios distintos: o indivíduo com o maior número de horas faturáveis, por exemplo, o que recebia os melhores índices de satisfação de clientes, o mais bem avaliado pelos subordinados. Nesse caso específico, Jon contou que a lista dos melhores colaboradores tinha um grande número de asiáticos-americanos – embora a de candidatos a sócio não apresentasse um asiático sequer. Não fazia sentido. Foi isso que o levou a acreditar que o viés inconsciente existe, sim, e a ver o mundo sob uma nova ótica.

Vemos o mesmo em profissões na área de exatas, nas quais as mulheres precisam, por exemplo, ser 2,5 vezes mais produtivas dos que os homens para serem consideradas competentes.[8] O resultado é que em muitas áreas da ciência as mulheres estão sub-representadas; os números no caso de minorias étnicas são ainda piores. O fato é que às vezes as pessoas precisam ver com os próprios olhos o preconceito em sua organização para aceitar que essa é a realidade.

Acredito em uma nova maneira de mitigar o viés – avaliações anonimizadas – que pode ser um bom primeiro passo para Gerentes Meritocráticos. A ideia de anonimizar a seleção foi popularizada pela sinfônica americana Orquestra Sinfônica Nacional. Em plena década de 1970, somente 5% dos músicos das cinco principais orquestras do mundo eram mulheres. Ainda naquela década, algumas orquestras passaram a fazer audições às cegas. Os candidatos faziam o teste ocultos por um biombo para não revelar gênero nem raça. Em certos casos, os músicos tinham de tirar os sapatos antes de entrar, para que nenhuma mulher fosse denunciada pelo ruído dos saltos.

Mesmo quando o teste às cegas só era realizado na primeira rodada de audições, ele representou uma probabilidade 50% maior de as mulheres passarem para as finais e 1,6 vez mais chance de serem escolhidas para a orquestra do que quando competiam em audições normais. Hoje, mais de 30% dos músicos nas cinco principais orquestras são mulheres.

Pude ver em primeira mão o benefício desse tipo de intervenção em um projeto no qual trabalhei para o Telescópio Espacial Hubble. O Hubble é um telescópio orbital do porte de um ônibus equipado com uma câmera digital para tirar fotos de galáxias, buracos negros, estrelas e planetas enquanto orbita a Terra. Devido ao enorme valor dessa ferramenta para cientistas, há todo um processo seletivo para conseguir tempo no Hubble para pesquisas. O processo envolve submeter por escrito uma proposta, que é classificada por avaliadores. As propostas mais bem avaliadas são discutidas em uma sessão presencial entre os avaliadores – na qual as melhores são escolhidas.

O processo foi concebido para ser meritocrático; as melhores ideias, de maior valor para a ciência, seriam financiadas pelo Hubble, e seus autores teriam um tempo reservado no telescópio. Cientistas do Comitê de Alocação de Tempo do Hubble (TAC, sigla em inglês) notaram, no entanto, que o dinheiro e o tempo tendiam a ir para homens, não para mulheres. A diferença não era enorme, mas a situação se repetia todo ano havia mais de uma década.

O comitê tomou, então, uma decisão radical. Em um dos projetos mais profundos e eficazes em que já trabalhei, ocultou o nome dos candidatos nas propostas.

O líder por trás dessa iniciativa foi Kenneth Sembach, diretor do Instituto de Ciência do Telescópio Espacial (STScI, sigla em inglês) e professor da Universidade Johns Hopkins. Como alguém que dera duro para chegar ao posto que ocupava, com mais de 170 artigos publicados em revistas especializadas, Sembach acreditava em meritocracia. Mas, diferentemente de um Gerente Meritocrático, entendia também que certos vieses podiam tornar um sistema não tão meritocrático assim. "Certas pessoas têm privilégios [vento de cauda]", disse ele durante uma conversa na sede do Telescópio Espacial Hubble no campus da Johns Hopkins, no estado americano de Maryland. "Pode ser a escola na qual a pessoa está ou suas proezas anteriores, fazer parte de uma equipe de sucesso. Isso tudo influencia avaliadores na hora de considerar uma proposta. Nossa ideia não é selecionar quem teve mais sucesso no passado; queremos dar tempo no telescópio a quem tenha as melhores ideias para o futuro; ideias que ninguém nunca considerou ou teve tecnologia para testar."

Quando as propostas foram anonimizadas, mulheres superaram homens em quase 1%. Embora 1% possa não parecer muita coisa, essa mudança foi suficiente para romper o viés. Jamais sugerimos que propostas encabeçadas por mulheres eram melhores do que as lideradas por homens – apenas que eram equivalentes. O que aquela mudança demonstrou claramente.

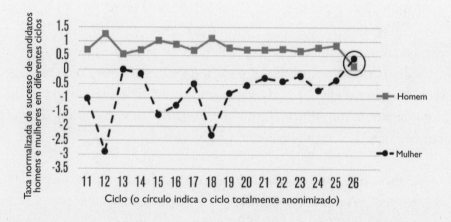

A parte mais poderosa dessa estratégia é que ninguém pode dizer que as mulheres receberam tratamento especial, pois ninguém sabia de quem era a proposta que estava lendo. Os dados confirmaram a previsão de que havia um preconceito sutil contra cientistas mulheres.

No Hubble, pedi a todos que refletissem sobre o que poderiam estar perdendo sem o olhar distinto trazido pelas mulheres. O irônico é que a ideia de um telescópio em órbita – o Hubble – foi defendida por uma mulher, Nancy Grace Roman, a primeira diretora de astronomia da NASA. Imagine o que mulheres astrofísicas tinham descoberto até então e o que mais poderiam ter feito se tivessem tido igual acesso ao Hubble.

A contribuição de mulheres astrofísicas para o corpo de conhecimento da área é imensa. Carolyn Porco encontrou gigantescos gêiseres de partículas de gelo que indicavam a presença de água na sexta maior lua de Saturno, lugar para o qual nenhum cientista tinha olhado antes. Vera Cooper Rubin descobriu a matéria escura, uma massa invisível difícil de ver – pois era invisível! Debra Fischer descobriu diversos planetas com seus próprios sóis fora da nossa galáxia. Jocelyn Bell Burnell foi a primeira pessoa a ouvir sinais de rádio vindos do espaço com o uso do primeiro radiotelescópio, que ela criou com seu orientador de doutorado. Sempre haverá oportunidades perdidas se trabalharmos só com gente que enxerga, age e pensa exatamente como nós. O maravilhoso de incluir perspectivas distintas em um ambiente de trabalho é que isso abre um mundo de oportunidades totalmente novo.

Mais do que me convencerem – estou sempre atenta à possibilidade de viés contra a mulher –, os dados convenceram indivíduos de toda a comunidade astronômica. Tanto que, em 2019, a NASA anunciou que também adotaria o processo anonimizado.

Como anonimizar avaliações para seleção e promoção:
- Oculte o nome dos candidatos antes da avaliação.
- Faça uma lista dos candidatos mais qualificados e outra dos indicados a promoção.
- Compare as duas listas e procure disparidades na diversidade.

Quando anonimizam a avaliação, Gerentes Meritocráticos podem começar a ter ciência de seus vieses inconscientes.

Use transparência agressiva

Como a confiança do trabalhador em organizações já costuma ser baixa, a falta de transparência pode despertar suspeitas e levar o pessoal a se perguntar o que a organização está ocultando. As mulheres, em particular, acreditam que a falta de transparência prejudica seu avanço profissional.[9] Mas, apesar dos benefícios da transparência, as empresas parecem deixar a desejar nesse quesito:[10] 84% dos trabalhadores dizem não receber informações suficientes da alta gerência. A maioria diz esperar que seu supervisor imediato mantenha todos informados, mas isso claramente não está acontecendo. O fato é que o trabalhador de hoje realmente quer saber como a empresa vai e diz que mais transparência aumentaria sua motivação, o ajudaria a fazer seu trabalho e diminuiria a probabilidade de trocar a empresa por outra.[11] Sem contar que 50% dos CEOs acreditam que a falta de confiança é uma grande ameaça para sua organização.[12]

E é. Não ser transparente tem consequências reais. Um estudo mostrou que em organizações onde não há transparência no recrutamento, na remuneração e na promoção de pessoas não brancas há menos produtividade e inovação e mais rotatividade de pessoal.[13] Já aumentar a transparência não só tem impacto positivo no desempenho, mas também pode contribuir para aumentar a diversidade e a inclusão.[14] É uma das maneiras mais fáceis de aumentar a confiança.[15]

Ser mais transparente vai exigir que você considere *como* são definidos os critérios para a "melhor pessoa para o cargo". Tente levantar todas as sutilezas de *como* se decide uma promoção, *como* se determina uma remuneração, *como* alguém é incluído no grupo de indivíduos de alto potencial. Isso feito, examine essas práticas para ver se há algo discriminatório nelas. Há algum outro caminho capaz de tornar o local de trabalho mais equânime? Apresente os resultados aos trabalhadores. Explique *como* são tomadas decisões de promoção, *que* experiências são fundamentais para subir na carreira e *quando* deveriam tentar adquiri-las. Ao ser transparente, também é possível melhorar o desempenho e aumentar a sensação de pertencimento dos funcionários, graças ao foco na *equipe*. Aliás, aumentar a transparência pode fazer com que as pessoas se sintam mais como parte da organização, o que aumenta o engajamento e o sentimento de apropriação do trabalho.[16]

Ser mais transparente pode ter impacto na receita da empresa. Saber como as decisões são tomadas pode melhorar o desempenho, sobretudo quando em combinação com uma maior diversidade. Um estudo da Cloverpop, uma provedora de um software que usa inteligência artificial para tomar decisões, examinou 566 decisões de negócios tomadas por 184 equipes distintas em uma multiplicidade de empresas durante um período de dois anos. A conclusão foi que equipes diversificadas costumam tomar decisões melhores do que times homogêneos. No entanto, não era apenas a diversidade que contava; a transparência também tinha um papel. Equipes com diversidade, mas sem transparência na tomada de decisões, se beneficiavam menos da diversidade.

Isso sugere que é preciso levar informações ao pessoal com regularidade.[17] As pessoas precisam saber:

- Quando está sendo tomada uma decisão.
- O que foi decidido.
- Quem são os envolvidos.
- Quem será afetado.

Também se recomenda explicar quais padrões de referência, processos e práticas a empresa usa e, mais importante ainda, ouvir a opinião do pessoal sobre essas decisões.

Mas a transparência não pode se resumir a mandar e-mails coletivos ou dar acesso a informações. Transparência passiva é disponibilizar informações para quem deseja vê-las. Transparência agressiva é *fazer* com que a vejam. Isso significa que, para tornar dados sobre salários transparentes, por exemplo, não basta disponibilizar a informação: é preciso criar infográficos, tuitar sobre o assunto, postar a informação no Instagram ou na intranet da empresa ou difundi-la em murais espalhados pelo edifício.

É importante entender que a transparência não pode surgir do nada. No livro *A velocidade da confiança: o elemento que faz toda a diferença*,

Stephen M. R. Covey sustenta que a transparência é um dos meios mais rápidos de gerar confiança e sensação de pertencimento, mas que é preciso uma boa estratégia de comunicação para fazer isso bem.[18] Sem o contrapeso de outras informações, uma injeção súbita de transparência pode abalar o sistema. Tornar pública a remuneração de todos sem ao mesmo tempo fazer uma auditoria de salários ou ter um plano para corrigir discrepâncias salariais pode causar problemas entre os funcionários.

Fica a pergunta: se não está sendo transparente com a informação, o que você está escondendo? E, se o problema estiver em suas práticas, ocultar a informações não vai ajudar. Ser sincero e trabalhar para mudar as coisas para melhor é a saída para a inclusificação. A transparência ajuda as pessoas a sentirem que pertencem à empresa e que são parte do time.

Com o objetivo de fornecer mais transparência, cada vez mais empresas estão divulgando dados sobre diversidade racial e de gênero em seus respectivos sites. Ser transparente sobre resultados é bom. Mas que tal ser transparente sobre práticas também? Se todos soubessem como são decididas as promoções ou definidos os salários, talvez fosse possível acabar com o problema de que todo mundo hoje em dia – homens, mulheres, maiorias, minorias – parece se sentir discriminado. Se todo mundo se sente prejudicado pelo sistema, talvez seja preciso deixar mais claro como esse sistema funciona.

6

O Paladino da Cultura

A maldição de uma cruzada só com gente parecida

"O argumento aqui é a química, e acho que você jamais contrataria alguém que não tenha química com a cultura que você deseja."

Alto líder, setor financeiro

Paladino da Cultura: origens

A cultura organizacional é o entendimento comum de crenças, expectativas, valores e normas expressos por padrões coletivos de linguagem e comportamento dos funcionários; é reforçada por sistemas e práticas da organização. Quem já fez parte de uma grande equipe sabe o efeito mágico que uma cultura forte e comum a todos pode ter. Vejo isso nos conselhos de administração mais eficazes, nas equipes de alta gestão mais bem-sucedidas, nas melhores bandas, nos maiores times. Quando as pessoas se sentem verdadeiramente conectadas, o trabalho fica mais prazeroso e os colegas viram os amigos mais chegados.

É natural, portanto, que você queira reproduzir essa sensação e montar uma equipe na qual todos estejam entrosados, se deem bem e possuam os mesmos valores. Se você tem um forte desejo de demonstrar espírito de equipe, se tende a contratar pessoas culturalmente parecidas com você e se prefere a concordância à divergência, é provável que seja um Paladino da Cultura.

É possível que, ao olhar para sua equipe e celebrar sua cultura, você perceba que quem não se encaixa nela tende a se sentir excluído. Ou talvez você tema estar ignorando perspectivas ou oportunidades ao incluir na equipe gente muito parecida entre si. Pode ser que você tenha afastado essa preocupação dizendo a si mesmo que "eles" não combinam com a cultura da empresa ou que "eles" não querem trabalhar ali. Muitos Paladinos da Cultura pensam assim. Mas quem olha para dentro, buscando possíveis falhas em seu próprio sistema, em vez de para fora, buscando falhas nos outros, provavelmente será um excelente Inclusificador. Na condição de Paladino da Cultura, você já sabe criar a sensação de pertencimento; agora, só falta criar singularidade.

Os semelhantes se atraem

Querer estar rodeado de pessoas parecidas conosco não é crime. Todos nós sentimos mais afinidade com quem é parecido com a gente do que com aqueles que não o são. É como no amor: embora costumem dizer que os opostos se atraem, os dados não corroboram essa tese. O que vemos é que os semelhantes se atraem – e é mais provável que nos casemos com alguém da mesma religião, profissão, raça, origem socioeconômica e até aparência do que com uma pessoa diferente de nós. É isso que produz o viés, ou favoritismo, de grupo: a tese de que damos preferência a quem é do nosso grupo e evitamos quem não é.

Não surpreende, portanto, que, quando uma empresa quer criar uma boa química ou cultura, seus líderes busquem contratar pessoas exatamente iguais a eles. A tendência a gravitar para pessoas parecidas conosco é chamada de "similaridade". É algo particularmente visível em conselhos de administração. Entrevistei CEOs e presidentes de conselhos com diversidade de gênero de empresas do índice S&P Composite 1500 para tentar entender por que não há mais diversidade nos conselhos. Um presidente de conselho me disse que a falta de diversidade está ligada ao medo do desconhecido e do receio de que isso vá perturbar a grande cultura que o conselho criou. "Se me pedir para escolher entre alguém que conheço e com quem me sinto à vontade e alguém que não conheço e que é mulher ou de uma minoria, vou ficar com aquele com quem me sinto à vontade. Não estou discriminando. Estou só dizendo que escolheria alguém que conheço e que me é familiar em vez de alguém que não conheço."

"É uma situação parecida com a ceia de Natal", continuou. "Vou ter de encontrar essas pessoas de vez em quando, vamos estar em um espaço confinado e precisaremos tratar de algumas questões difíceis, então quero *gostar* de quem está sentado à minha esquerda e à minha direita. É questão de química."

Se estiver de acordo com isso – se acreditar que a compatibilidade cultural é o mais importante, se estiver cercado de gente muito parecida a você, se achar que é simplesmente mais fácil contratar quem você já conhece –, é possível que você exiba traços do Paladino da Cultura. Mas eis o problema: ainda que achemos que trabalhar com pessoas conhecidas facilitará a tomada de decisões em grupo, os dados sugerem o contrário.

A diversidade produz decisões melhores

Em um estudo com programadores do GitHub, cientistas compararam o desempenho de equipes com dois membros que tinham trabalhado juntos antes com o de equipes cujos membros não tinham esse passado comum. O desempenho das duplas que não tinham trabalhado juntas anteriormente foi quase *oito vezes* melhor do que o das que tinham.[1] Trabalhar com novas pessoas leva a um desempenho melhor.

Quando há mais diversidade, algo muda também nos processos do grupo. Um estudo sobre tomada de decisões revelou, por exemplo, que membros de grupos racialmente diversificados trocam mais informações uns com os outros, o que leva a um melhor desempenho.[2] No estudo, os pesquisadores formaram grupos de três estudantes que tinham ou só brancos, ou dois brancos e um não branco. As equipes tinham de jogar um jogo de detetive, sendo que cada membro recebia pistas que ninguém mais tinha. Para resolver o mistério, os estudantes precisavam revelar essa informação exclusiva aos outros. O resultado interessante foi que membros de equipes com diversidade se mostraram mais dispostos a compartilhar informações que só eles tinham, e tiveram um desempenho melhor.

A loucura do Paladino da Cultura

De vários modos, a ideia da adequação à cultura foi popularizada pelos fundadores do PayPal (às vezes chamados de máfia do PayPal), que defendiam a ideia de que, para uma empresa ter sucesso, seus funcionários deviam ser parecidos entre si. Segundo eles, o certo seria contratar gente com quem você "gostaria de tomar uma cerveja". Max Levchin, um dos criadores do PayPal, diz que a empresa chegou a eliminar um candidato porque ele gostava de jogar basquete, o que sugeria que não se adequaria à cultura nerd do PayPal. Um artigo da *Forbes* de 2007 traz a seguinte declaração de Levchin: "É tudo questão de autosselecionar gente igual a você. Ele pensa como eu, é tão nerd quanto e nunca pega ninguém. Candidato perfeito! Vamos nos dar muito bem". Mas Levchin também admitiu que a cultura de "nerds e machos alfa" do PayPal era problemática, pois era difícil para mulheres se adequarem àquele ambiente.[3] Ou seja, a probabilidade de que mulheres conseguissem um emprego no PayPal era menor e a de que fossem embora se não se sentissem em casa, maior.

Pensamento de grupo

Os Paladinos da Cultura cultivam uma cultura coesa porém limitada, deixando lacunas nas quais uma perspectiva nova ou diferente poderia apontar problemas, vislumbrar oportunidades ou prever rupturas. O fato é que, quando uma equipe é muito homogênea e coesa, o risco de conformidade e pensamento de grupo é maior. A conformidade pode levar a equipe a decisões ruins, como as descritas em estudos sobre o pensamento de grupo. Um psicólogo social, Solomon Asch, demonstrou o problema desse pensamento em um estudo clássico sobre conformidade. Em um experimento, foram traçadas quatro linhas, como as apresentadas a seguir. A três estudantes (que sabiam o que estava sendo testado) foi perguntado qual delas era a mais semelhante à linha X. Todos disseram A (embora a resposta certa fosse B). Quando o quarto estudante – o único participante real – teve de responder, ele também disse A. É assim que o pensamento de grupo ou a conformidade funciona: as pessoas preferem errar sabendo que estão errando do que ir contra o consenso do grupo.

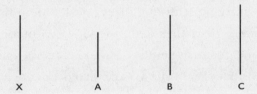

Agora, qual a relação entre pensamento de grupo e diversidade? Recentemente, esse experimento voltou a ser realizado, mas com o uso de confederados (participantes que sabiam do experimento) de diferentes raças. Qual foi o resultado? Os participantes não seguiram a opinião dos demais quando o grupo tinha gente de uma raça distinta da sua. Quando os confederados eram homogêneos, 32% das pessoas se conformavam, em comparação com 20% quando eram diversos.[4] Isso sugere uma disposição menor à conformidade com gente diferente de nós, o que é muito bom saber! Se a conformidade resultar em decisões ruins ao longo do tempo e a falta de diversidade tornar a conformidade mais provável, a diversidade é a resposta para aumentar seu índice de boas decisões.

O senhor das moscas

Essa cruzada cultural traz outro problema. Talvez seja porque muitas dessas empresas tenham surgido no Vale do Silício, ou talvez seja mera coincidência. Mas o fato é que muitos dos Paladinos da Cultura que conheci eram indivíduos inteligentes, muito competitivos – e também agressivos. Como queriam dizer o que pensavam, sem rodeios, volta e meia acabavam aos berros, para ter certeza de que suas ideias fossem ouvidas. A cultura do PayPal, por exemplo, era muito crítica. Era comum ver gente erguendo a voz e criticando duramente os outros. Desentendimentos entre colegas rotineiramente eram resolvidos no braço. No braço!

No entanto, anos de estudos psicológicos sobre agressão mostram que o medo e o bullying vão crescendo ao longo do tempo e acabam criando uma cultura tóxica. Além do fato de que um ambiente agressivo exclui gente sem estômago para isso, há fortes e reiteradas evidências de que até entre aqueles que dizem gostar de uma boa briga há níveis mais elevados de depressão, ansiedade e vontade de ir embora. Aliás, homens que dizem aguentar o tranco registram níveis mais altos de depressão, ansiedade, consumo excessivo de álcool e até suicídio do que outros. E, já que isso iria contra a norma de valentia do gênero, eles raramente buscam ajuda para lidar com a situação.[5] Em suma, quem não aguenta o tranco vai embora e quem aguenta fica, mas sofrendo.

Os resultados são tão negativos que trabalhadores e empresas já começam a reprimir o bullying no trabalho. Funcionárias da Nike, por exemplo, moveram uma ação contra a empresa por esta não coibir uma cultura de bullying e assédio que, segundo elas, impedia o sucesso profissional das mulheres lá dentro. A ação resultou na demissão de 11 executivos em 2018 e em outro processo, dessa vez movido por acionistas, que culpam a queda no valor de suas participações à conivência do conselho e da diretoria com uma cultura tóxica que afetava mulheres, pessoas não brancas, mulheres não brancas e LGBTQ.[6] Em julho de 2018, um executivo do Credit Suisse, Paul Dexter, virou notícia ao ser demitido sob a alegação de bullying contra um estagiário *homem*, um comportamento que infringia a política de não assédio da instituição.[7]

O erro e o mito que movem o Paladino da Cultura

O erro de deixar o prazer virar algo disfuncional

Um dos erros mais básicos que um Paladino da Cultura pode cometer é deixar a busca pelo prazer se tornar disfuncional. Uma cultura pode se tornar invisível para quem está inserido nela, diz Jordan Belfort, a pessoa real por trás do personagem interpretado por Leonardo DiCaprio no filme *O lobo de Wall Street*, de 2013. Retratado como criador de uma cultura machista e regada a drogas em uma firma de investimento, Belfort acabou preso por fraude no mercado financeiro.[8] Na Harvard Negotiation & Leadership Conference de 2016, tanto ele como eu demos palestras. Eu falei sobre vieses e ele, sobre ética.

A história de Belfort era muito parecida à de muitos Paladinos da Cultura com quem falei. Ele queria fazer do local de trabalho um lugar prazeroso, onde todos pudessem se entrosar e sentir que pertenciam. O comportamento de Belfort era inspirado no personagem Gordon Gekko, do filme *Wall Street*, de 1997. Ele conta que estava simplesmente agindo como haviam lhe ensinado, imitando o comportamento que aprendera em filmes. O resultado foi uma cultura que fugiu ao controle e deixou ele e o resto do time em apuros.

Na verdade, existe uma razão evolutiva por trás desse tipo de conduta. Nosso cérebro é programado para estar atento a situações negativas, a fim de nos proteger de perigos. Se alguém tentar convencê-lo a fazer algo que configure um comportamento de risco quando você estiver de mau humor, dificilmente conseguirá persuadi-lo. Já quando pensamos em ter prazer, isso ativa a área do cérebro que nos convence a agir sem pensar muito nas consequências. Portanto, se alguém tentar convencê-lo a fazer algo arriscado quando estiver sentindo uma emoção positiva, como entusiasmo antecipado, curiosidade ou amor romântico, será mais fácil convencê-lo.[9]

Se isso soa como algo da década de 1980, é bom lembrar que foi só em 2018 que a marca de roupas esportivas Under Armour adotou uma norma que proibia funcionários de seguir pagando visitas a clubes de striptease com dinheiro da empresa![10] Não deveria ser surpresa descobrir que empresas que permitem festinhas com alta carga sexual regadas a álcool e drogas, como as registradas por Emily Chang no livro *Manotopia: como o Vale do Silício tornou-se um clubinho machista*, também podem ter uma cultura disfuncional.[11] Como descobriu a autora, mulheres que iam a essas festas eram julgadas negativamente, enquanto as que não iam perdiam oportunidades de negócio importantes. Chang observa, ainda, que não havia espaço para homens gays ou pessoas religiosas nesse tipo de ambiente.

Trabalhar em um ambiente no qual as mulheres são sexualizadas diminui a sensação de valor próprio de trabalhadoras do sexo feminino. Quando o comportamento é direcionado a elas, pode ter impacto negativo sobre seu desempenho. Um estudo mostrou, por exemplo, que, quando as mulheres eram alvo de olhares lascivos de confederados (participantes cientes de um experimento), seu desempenho em uma série de problemas de matemática e questões do exame para admissão no mestrado piorava.[12]

O problema, como disse Chang, é que muitos negócios são fechados em eventos tóxicos, o que cria disparidades no acesso a recursos. Quem bebe, por exemplo, tende a ganhar de 10% a 14% mais do que um abstêmio, indicando a desigualdade que pode haver quando certas pessoas são excluídas da socialização por não beber.[13]

É possível ser proativo e refletir sobre como suas atividades culturais podem ser percebidas por mulheres, pela comunidade LGBTQ e por certos grupos religiosos. Atividades que possam alienar certas áreas da organização poderiam ser substituídas por novas atividades, mais inclusivas para todos.

AÇÃO INCLUSIFICADORA: mudar a cultura

ATIVIDADE CULTURAL PRÉVIA	NOVA ATIVIDADE CULTURAL INCLUSIFICADORA
Ir a um bar encher a cara	Fazer um happy hour em um restaurante
Ir a um clube de striptease	Fazer uma reunião social tranquila com colegas
Caçar no fim de semana	Fazer trabalho voluntário
Fazer uma festa de Halloween com fantasias sensuais	Celebrar diversos eventos culturais
Ir jogar golfe com um grupo só de homens	Festejar todos os aniversariantes do mês
Incentivar reuniões com pôquer e charutos para os homens	Fazer um torneio de pôquer com homens e mulheres
Jogar paintball	Reunir todos para ir jogar em um *escape room*
Jogar basquete	Assistir juntos a um jogo de basquete

O mito de que palavras não importam

Outra desvantagem de um local de trabalho culturalmente homogêneo é que seu vocabulário pode ficar ultrapassado. Talvez seja comum dizer que alguém é um "retardado", chamar uma mulher de "linda" ou até ficar falando sobre quem "pegou" quem. O vocabulário ofensivo ou grosseiro identifica sua equipe como antiquada e desatualizada, mas é fácil deixar a cultura ocultar a importância do uso de uma linguagem que não tenha impacto negativo nos outros.

Um ex-aluno me contou que o vocabulário na empresa na qual trabalhava no mercado financeiro era tão tóxico que o fez deixar o emprego. Depois de ter vivido no ambiente socialmente liberal da Universidade do Colorado em Boulder, Marty ficou surpreso ao ouvir comentários homofóbicos diariamente no trabalho. "Que viadagem!", diziam as pessoas quando não gostavam de algo. Se estavam todos em um bar e ele resolvia encerrar a noite antes dos colegas, era chamado de "boiola" ou "mulherzinha".

"Era muito desconfortável ficar ouvindo isso o tempo todo", disse. "A certa altura, perguntei a um amigo, John, se ele podia usar outra palavra que não fosse 'boiola'. E se algum colega de trabalho fosse gay?" Quando viram que Marty se preocupava com os outros, os colegas começaram a chamá-lo de "homo". Se alguma mulher não mostrava interesse quando era abordada por um deles, era chamada de "sapata", e, em seguida, outro colega diria: "Cuidado, o Marty é 'homo'". "Se eu fosse gay, provavelmente teria procurado o RH. Mas, como sou hétero, não sabia se podia reclamar por não querer estar com babacas." Pouco tempo depois, Marty começou a procurar outro emprego.

> AÇÃO INCLUSIFICADORA: **atualizar a linguagem.**

Embora esses elementos da linguagem possam estar arraigados na cultura, muitas organizações têm políticas formais contra o discurso de ódio, e usá-lo é suficiente para que um CEO ou qualquer outro líder seja expulso da empresa. Só que, quando dentro de uma câmara de eco cultural, líderes podem se esquecer daquilo que constitui uma comunicação profissional. É assim que alguém chega a dar declarações como a do fundador do Uber, Travis Kalanick, que, ao ser perguntado sobre seu sucesso com as mulheres, respondeu que por isso chamava a empresa de "Boob-er" (trocadilho com "boob", gíria para seios em inglês).[14] Pouco tempo depois, o Uber foi alvo de uma ação por discriminação de gênero e assédio sexual por mulheres como Susan Fowler, uma ex-funcionária que denunciou publicamente o assédio sexual na empresa.[15] Como muitos Paladinos da Cultura que caem em desgraça, Kalanick foi afastado pelo conselho e pela equipe executiva e processado por quebra do dever fiduciário.[16]

Talvez você se sinta frustrado. Parece impossível acompanhar o vocabulário politicamente correto, que está sempre mudando. Por exemplo, você pode chamar uma mulher de Barbados de afro-americana mesmo quando ela se identifica como negra. Quem vem do México é latino, hispânico ou mexicano? (As três coisas). Indígenas dos Estados Unidos podem preferir ser chamados de nativos americanos, não de índios. Quem é da Índia talvez se identifique como sul-asiático, e naturais do Japão ou de Singapura não são chineses.

Você acha que diferenças culturais entre México e Porto Rico são insignificantes ou que, já que seus habitantes são todos latinos, os detalhes não importam. No entanto, quando não reserva um tempo para aprender essa linguagem, você está comunicando aos membros da equipe que as especificidades da identidade deles não são importantes para você – que *eles* não são importantes para você. É essa a impressão que você quer passar?

O básico do vocabulário

Pesquisando um pouquinho, dá para entender melhor todos esses termos. Para o líder, porém, o mais importante é estar disposto a ouvir a mensagem de que seu vocabulário não serve. Quando uma amiga de Porto Rico foi chamada de mexicana pelo chefe, um Paladino da Cultura, ela disse: "Na verdade, sou porto-riquenha".

O que não dizer:
"Não faz diferença, vocês são todos latinos."
"Não consigo acompanhar toda essa besteirada do politicamente correto."
"Não vai reclamar de mim para o RH!"

O que um Inclusificador diria:
"Olha, eu não sabia. Que bom que você me avisou."
"Mil desculpas. Falha minha."
"Sei muito pouco sobre Porto Rico. Seria ótimo saber mais."

Um Inclusificador sabe que suas palavras têm importância e faz um esforço para aprender a se comunicar melhor. Se começar com um senso de curiosidade sobre sua equipe, você vai descobrir muito mais do que o vocabulário certo a usar: vai descobrir como mostrar aos integrantes do time que eles importam, sim.

Parece óbvio que não haja espaço para linguagem de ódio em empresas inclusificadoras, porém a linguagem pode ferir de maneiras mais sutis. Embora xingamentos como "vaca" e "bruxa" sejam usados para ofender a mulher, até palavras que soam carinhosas podem causar estrago. Chamar a mulher de "meu amor", "filha", "linda" ou qualquer termo que soe como se você estivesse falando com uma criança é antiquado.

Proibida a entrada de meninas

Um jeito rápido de soar mais inclusificador é parar de chamar as mulheres de "meninas". Todd, um profissional de contabilidade, me contou: "Já ouvi sócios da firma (...) conversando com clientes e dizendo 'Essa menina é demais!', em alusão a alguma funcionária jovem. Com isso, ela foi de 23 para 5 [anos de idade]. E já é difícil para uma jovem de 23 anos se impor na relação com um executivo. Ele não quis ofender, mas toda palavra importa". No entanto, quando Todd foi dizer a um alto sócio que ele não devia chamar as funcionárias de "meninas", o executivo se irritou, dizendo que é velho e que, para ele, elas são todas meninas. São tão jovens quanto a filha dele.

Ri quando ouvi essa história, embora o episódio explique muito: aquele executivo prefere desrespeitar um colega de trabalho a cogitar mudar o vocabulário. Semanas depois, passei pela sala de aula de um colega e, quando vi, ele soltou um "essa menina é demais" ao me apresentar à turma. Minha pós-doutoranda espichou o olho para ver como eu reagiria. "Bem, estou com 40, já faz uns 20 anos que ninguém me chama de menina", disse. "E, mesmo lá atrás, eu já achava meio estranho!" Ninguém riu. Minha pós-doutoranda brincou mais tarde, dizendo que, já que havia um site chamado Girlboss, eu devia criar um blog e chamá-lo de Girlprof. Não que ser chamada de menina seja inerentemente ofensivo. É só que isso diminuiu minha autoridade aos olhos dos alunos. Será que ele diria "esse menino é demais" se eu fosse homem? É claro que não, pois isso teria me feito soar juvenil. Já mulheres são reduzidas a "meninas" todo dia no trabalho.

Inclusificadores assumem a responsabilidade de atualizar sua comunicação cultural. Estão sempre em dia com o que diz o mercado. Atualizar suas habilidades é prática comum no trabalho. Quem usava a linguagem de programação C++ não insiste em seguir com ela só porque já está acostumado, não é? É preciso se atualizar e aprender a usar Python e SQL. E, se estiver ficando para trás, significa que é hora de aprender uma nova linguagem. Isso vai ajudar a pessoa a se conectar e a estabelecer um elo mais forte com todos os membros da equipe – o que fará dessa pessoa um líder melhor.

7

Estratégias de liderança para Paladinos da Cultura

"Temos um conselho de administração bastante diversificado na Alaska (50% dos conselheiros independentes são mulheres) e vimos em primeira mão como discussões e decisões melhoram quando as pessoas ao redor da mesa são mais diversas."
Brad Tilden, CEO, Alaska Air Group (Inclusificador)

Brian Chesky, CEO do Airbnb, conseguiu o feito de transformar o pertencimento em parte da cultura da plataforma de hospedagem que ajudou a criar. Chesky ligava tanto para a cultura que fez questão de participar das entrevistas para a contratação dos 300 primeiros funcionários da empresa, hoje avaliada em 30 bilhões de dólares. Ele sabia que os primeiros contratados seriam o modelo para todos os futuros funcionários da organização e queria reunir um grupo de gente que acreditasse na missão e nos valores do Airbnb.

E assim foi. Brian montou uma equipe incrivelmente coesa de indivíduos semelhantes. Uma cultura coesa, como vimos, tem seu lado ruim. Quando todo mundo pensa igual, o risco de a equipe cair no pensamento de grupo e tomar decisões ruins é maior.

Foi o que aconteceu. Quando um estudo de Harvard de 2014 revelou discriminação no Airbnb, a empresa, na qual todo mundo era parecido, não sabia o que fazer e cruzou os braços. No estudo, os pesquisadores criaram 20 perfis idênticos de usuário – salvo pelos nomes, que em alguns casos pareciam de negros e, em outros, de brancos. A anfitriões na plataforma, foram enviadas 6.400 mensagens expressando interesse em alugar o espaço anunciado. O resultado? Cerca de 50% dos pedidos de reserva de "brancos" foram aceitos, o que só ocorreu com 42% das reservas de "negros". Essa diferença de 8% é sentida por usuários não brancos do Airbnb, que sempre ficam com dúvida se um imóvel já "reservado" apareceria como disponível para um hóspede branco.[1]

Em um exemplo, um usuário do Airbnb, Gregory Selden, tentou reservar um imóvel como ele próprio (homem negro, usando uma foto verdadeira) e como um homem branco (com a foto de outra pessoa). No caso, o proprietário alegou que o espaço já estava reservado quando Selden usou a verdadeira identidade, mas estava disponível para seu alter ego branco.[2] Um ano depois, uma anfitriã cancelou a reserva de uma hóspede, Dyne Suh, porque a moça era "asiática". Na troca de mensagens, arrematou: "Não alugaria para você nem se você fosse a última pessoa na face da Terra".[3]

Chesky percebeu que a falha da empresa era fruto da falta de diversidade e se comprometeu a criar uma organização mais heterogênea, pois acreditava que, com isso, criaria também um produto melhor.

O Airbnb já avançou muito na promoção da diversidade e na criação de uma cultura mais inclusiva.[4] Chesky estabeleceu metas para que, até o final de 2017, a diversidade no quadro de funcionários da empresa tivesse crescido. Incentivou a diversidade de raça e gênero entre candidatos a todos os cargos de alto escalão. E mudou a cultura e os valores do Airbnb para incluir *diversidade* – sem abandonar o compromisso com o *pertencimento*. Chesky assumiu o compromisso de inclusificar. Agora, por exemplo, a empresa faz festinhas surpresa de aniversário, chás de bebê e outras celebrações de acontecimentos importantes na vida das pessoas. Isso ajuda a reforçar o vínculo entre os funcionários – necessário para criar o senso de pertencimento. A inclusificação dá a Paladinos da Cultura a oportunidade de capitalizar seu extraordinário poder de criar culturas, mas de um jeito novo, capaz de gerar uma cultura comprometida com a inclusão e otimizar a sensação de singularidade das pessoas. Neste capítulo, sugiro três estratégias para inclusificação: inclusificar valores e comportamentos culturais, apostar em rebeldes e criar equipes culturais. Aqui é tudo questão de usar suas habilidades para motivar os outros em todos os aspectos da organização, incluindo sua cultura, e pivotar de modo a inclusificar esses valores. Também é possível aumentar o aprendizado e criar novas perspectivas, contratando pessoas que fujam à norma, o que chamo de "apostar em rebeldes". E dá para empoderar seu time com a criação de equipes culturais.

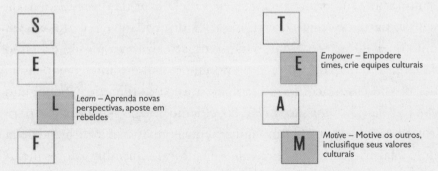

Inclusifique seus valores e comportamentos culturais (motive)

Inclusificar valores culturais é importante para qualquer líder. Paladinos da Cultura, cujo ponto forte já é criar culturas, saem em vantagem. Modernizar uma cultura é como muitos outros aspectos da gestão de uma empresa: difícil mas necessário para quem não quer ficar obsoleto. Mas como um líder sabe que é preciso promover uma mudança cultural? E, mais ainda, como iniciar essa mudança? Essa foi a pergunta que fiz ao CEO da empresa que lançou o movimento dos Paladinos da Cultura, o PayPal.

Em 2014, quando o PayPal contratou Dan Schulman para a presidência, comecei a ver muito material na imprensa sobre mudanças positivas sendo implementadas na empresa. Já tinha ficado impressionada com a decisão do PayPal de proibir o uso da plataforma por propagadores de ódio e de manifestar sua oposição a leis anti-LGBTQ. Tenho de confessar que ainda assim fiquei surpresa quando Schulman aceitou falar comigo. Conhecendo a história do PayPal – não esqueçamos que essa é a empresa que começou contratando pessoas com quem os chefes gostariam de sair para "tomar uma cerveja" –, não sabia bem o que ele diria quando perguntasse o que achava da inclusificação.

Schulman me provou, porém, que um Inclusificador pode mudar a cultura de uma organização se ele ou ela fizer da diversidade e da inclusão parte do tecido da empresa. "A diversidade é o certo a fazer, ponto final", disse ele. "Mas, se der para atrelar isso à missão e à visão [da empresa], significa unir o plano emocional e o intelectual. Acho que, quando isso acontece, o impacto é extraordinário." Schulman disse que, já que a missão do PayPal é democratizar pagamentos, para ele era crucial ter uma cultura igualmente equitativa e inclusiva. Havia muito a fazer, a começar por avaliar a cultura, transmitir valores inclusificadores e, então, garantir que estruturas e práticas fossem usadas de um modo que respaldasse os valores centrais da empresa.

Em uma carta aberta aos funcionários, Schulman disse que sua meta era "criar um ambiente no qual colegas, clientes e parceiros vejam o PayPal como um lugar no qual possam ter um senso de singularidade e de pertencimento". Estava usando a cartilha da inclusificação.

Schulman também tomou medidas para gerar diversidade. Em 2015, quando o PayPal descobriu uma disparidade salarial entre homens e mulheres, Schulman enfrentou certa resistência devido ao custo da equiparação, de milhões de dólares. Mas a empresa assumiu o compromisso, fez a análise da disparidade e ajustou o salário de todos os 20 mil funcionários. Garantir que todos estejam recebendo um salário justo é um exemplo de como unir estruturas e valores. Sem esse alinhamento, o pessoal perde a confiança na autenticidade desses valores.

Apesar da lógica de que pagar salários maiores poderia ser ruim para as contas da empresa, em 2018, o PayPal passou a ser uma das empresas de maior valor dos Estados Unidos, com mais de 300 milhões de contas ativas, entre pessoas físicas e jurídicas (dados de novembro de 2019). No terceiro trimestre de 2019, pela primeira vez em sua história, o PayPal processou mais de um bilhão de transações por mês em um único trimestre e tinha um valor de mercado perto de 120 bilhões de dólares. Em 2019, a empresa ficou entre as dez melhores no ranking da JUST Capital e no Just 100 da *Forbes*, que reúne "empresas que fazem o justo pela América". O PayPal ficou na oitava posição na avaliação geral (de um universo de 922 empresas) e no primeiro lugar na área de suporte e serviços comerciais (de uma lista de 38 empresas). Pelo menos parte da inovação e do crescimento é atribuída pelo CEO à cultura inclusificadora adotada pelo PayPal, começando com a decisão de aumentar a diversidade.

Inovação é a resposta

Schulman não está equivocado. Estatísticas comprovam o elo entre diversidade e inovação. Um estudo revelou que o retorno financeiro de empresas do S&P Composite 1500 com maior diversidade de gênero em altos escalões era maior, e que o efeito foi visto especialmente entre empresas que valorizavam a inovação.[5] Em uma avaliação de bancos dos Estados Unidos, outro estudo revelou o mesmo para a raça: havia uma relação positiva entre diversidade racial e resultados financeiros, sobretudo em bancos que valorizavam a inovação.[6] Um terceiro estudo mostrou que empresas com mais programas de diversidade – gênero, raça, orientação sexual, deficiência – criavam dois produtos a mais por ano do que empresas sem programas de diversidade.[7] *Dois a mais!* Ou seja, se quiser incentivar a inovação, a diversidade pode ser um ótimo ponto de partida. Para o Paladino da Cultura, a dúvida é como aumentar a diversidade e, isso feito, o que fazer para colher todos os benefícios dessa diversidade para a inovação.

Aposte em rebeldes (aprenda)

Os Paladinos da Cultura são mestres na formação de equipes, mas seus times e suas organizações em geral carecem de perspectivas diversas, pois seus membros são contratados por homogeneidade (encaixe cultural), não por diversidade. Muitos Paladinos da Cultura com quem falei também sugeriram que "'eles' [talentos diversos] não queriam trabalhar aqui", pois "eles" não se encaixariam. Lembro de, tempos atrás, ter visto a comediante Tina Fey ser entrevistada no *talk show* do apresentador David Letterman. Fey perguntou por que Letterman não tinha contratado mais roteiristas mulheres para o programa. "Não sei, talvez porque elas não quisessem trabalhar aqui?", respondeu o apresentador. E por que não havia pessoas não brancas na equipe? Pode até ser que achassem difícil se encaixar na cultura ali dentro, mas quem não ia querer escrever para um programa popular como aquele? "Elas queriam, sim, trabalhar aqui", respondeu Fey, de maneira sarcástica.

Para começo de conversa, isso significa que o Paladino da Cultura precisa abandonar a tese de que "eles não querem trabalhar aqui", parar de contratar pensando na homogeneidade (encaixe cultural) e agir de forma mais deliberada para reunir as diferenças necessárias de pensamento (e variedade de contratados) a fim de garantir que haja pontos de vista distintos a compartilhar. Isso permitirá que todos aprendam com essas diferenças. Além disso, ao trazer novas perspectivas, o Inclusificador mostra a todos que dá valor à singularidade e quer aprender com quem tem outra opinião.

Como incentivar a diversidade e a variedade de ideias e perspectivas? Uma saída é contratar e promover gente que complemente sua cultura – mesmo não se encaixando nela –, para poder aprender com sua perspectiva. O tipo de gente que chamo de "rebelde" vai ajudar a gerar novas discussões e a melhorar a inovação e a tomada de decisões.

Isso significa examinar bem a equipe e considerar que perspectivas poderiam estar faltando. Foi o que me disse uma executiva da área de finanças, Mindy, ao contar a decisão de apostar em rebeldes. Embora tivesse bastantes mulheres na firma, ainda assim eram todos muito homogêneos. Daí que, quando um rapaz branco com um moicano e camiseta *tie-dye* adentrou sua sala para uma entrevista, ela pensou que talvez ele fosse a pessoa que os ajudaria a enxergar os clientes e o negócio de uma nova maneira. Em vez de descartá-lo de cara ou fazer de conta que não tinha um moicano, ela resolveu perguntar o que ele podia oferecer para a empresa. E, como no final o rapaz conseguiu alcançar um novo mercado – que incluía millennials e a geração Z –, Mindy contou que apostar no rebelde valeu muito a pena.

É claro que é mais fácil escolher pessoas que conhecemos, das quais gostamos e que são parecidas conosco. É por isso que tantos dos presidentes de conselho que entrevistei explicaram que conselheiros simplesmente preferem estar ao lado de quem conhecem. É algo que agiliza as decisões e elimina divergências – mas em detrimento de soluções melhores, mais inovadoras e mais completas.

Sem problema

Para demonstrar esse efeito, um grupo de pesquisadores recrutou times de três indivíduos de um mesmo grêmio estudantil (uma sororidade ou fraternidade) para identificar um assassino fictício com base em falsas entrevistas com detetives.[8] É sabido que sororidades e fraternidades geram coesão. Aqui, no entanto, depois de cinco minutos de discussão uma quarta pessoa se unia ao grupo – em certos casos, do mesmo grêmio; em outros, não. Nos grupos homogêneos, todos se entendiam, a conversa fluía bem e não havia conflito entre os alunos. Mas essa facilidade de interação tinha um custo para o desempenho. Quando alguém "diferente" se juntava a um grupo, os alunos se sentiam menos eficazes e achavam que tomavam decisões piores – mas estavam equivocados. Incluir um estranho, em vez de "alguém de dentro", fez dobrar a probabilidade de que identificassem o assassino: de 29% para 60%. Decidir parecia mais difícil, mas o resultado era melhor. Equipes diversas tomam decisões melhores do que equipes homogêneas e coesas.

Muitos líderes Inclusificadores seguem essa mesma filosofia. Schulman explicou que, quando chegou no PayPal, 90% do conselho – como em muitas outras empresas de software – era formado por homens brancos; a única mulher era alguém que ele trouxera. Dois anos depois, o conselho tem cinco homens brancos, três mulheres, um homem afro-americano e um homem hispânico. Fiquei impressionada. Mas minha estima por Schulman só aumentou quando ele explicou como a diversidade no conselho tinha acrescentado à cultura da empresa. "Não é só um símbolo", disse. "A diversidade cria pontos de vista e perspectivas diferentes, maneiras distintas de abordar um assunto, de analisar uma questão. Apenas padrões distintos de raciocínio."

Embora a diversidade possa assumir uma multiplicidade de formas, todos os benefícios dela podem ser colhidos com a contratação de pessoas de categorias sociais que não a sua, seja ela raça, gênero ou orientação sexual.[9] E há uma razão adicional para contratar pessoas de uma categoria social diferente da sua: o seu próprio desempenho vai melhorar. Quando sabe que terá de convencer um grupo diversificado de pessoas, você se esforça mais e busca argumentos mais sólidos do que quando acha que precisa convencer apenas indivíduos parecidos com você.[10]

Fica a lição: aposte em rebeldes. E aprenda com eles.

Crie equipes culturais (empodere)

O Paladino da Cultura precisa comunicar à sua equipe que dá valor a perspectivas diferentes. Uma saída é criar equipes culturais – grupos formados por indivíduos diversos de vários departamentos da organização – com poder para tomar decisões. Equipes culturais rompem silos ao atuar como uma força-tarefa multidisciplinar. Qualquer um pode criar uma equipe cultural: basta identificar uma oportunidade de mudança na organização, reunir um grupo de pessoas de departamentos, divisões ou escalões diferentes e botar todos para trabalhar juntos na resolução do problema. Isso pode ser feito com uma única equipe ou montando várias equipes para resolver um mesmo problema – ou problemas distintos.

Medici Group

Frans Johansson, CEO do Medici Group (Medici) e autor de *O Efeito Medici: como realizar descobertas revolucionárias na interseção de ideias, conceitos e culturas* e de *Clique: como nascem as grandes ideias*, criou toda uma organização em torno da estratégia suprema de uso da diversidade e da inclusão como motor da inovação. Há mais de uma década, Johansson e o Medici vêm ajudando centenas de líderes e milhares de equipes a romper silos para aumentar a eficácia e a colaboração, ganhar velocidade e lançar produtos e serviços inovadores.

Em sua sala no 26º andar do Regus Business Center na Terceira Avenida, em Manhattan, Johansson me falou sobre um dos clientes mais recentes da companhia, a ESPN. Naquele momento, o Medici e Johansson tinham um plano para promover a inovação na ESPN – plano que incluía vincular diversidade e inclusão às metas de crescimento da marca mundo afora, expandir o mindset da alta liderança e tirar partido da diversidade geográfica do canal. Agora, quase dois anos depois, a ESPN informa que a base mundial de fãs de sua divisão de digital e impressos cresceu 60%, resultando em 120 milhões de visitantes mensais em seus sites.

E por que montar equipes diversas e inclusivas dá resultado? Em grandes organizações, há muita gente com um conjunto distinto de conhecimentos devido a gênero, raça, país de origem, educação, especialização e personalidade. Infelizmente, essas pessoas raramente compartilham as informações que possuem, pois estão todas focadas em fazer o próprio trabalho. Quando o que se busca é inovação, no entanto, dá para ampliar o *pool* criativo ao reunir equipes para trocar ideias. Devido ao viés da informação redundante, é comum gastarmos mais tempo e energia discutindo coisas que todos sabem em vez de informações que nem todos têm; é simplesmente mais fácil discutir aquilo que todo mundo conhece. Já quando um grupo diversificado e inclusivo se reúne, é menos provável que seus membros suponham que todos os outros têm a mesma bagagem de conhecimento, de modo que começam a reformular oportunidades e desafios, abrir novos caminhos, agir com mais rapidez, remanejar recursos e colaborar de modo mais eficaz.

Medtronic

Na época, achei excelente a ideia. E nunca tinha ouvido nada parecido antes de visitar os espaços da multinacional de dispositivos médicos Medtronic, em Boulder. Lá estava eu, dando uma palestra sobre diversidade e inclusão, quando uma funcionária da empresa disse que havia aprendido muito sobre inclusão ao participar de forças-tarefa multifuncionais na Medtronic. O que ela contou parecia muito com o que Johansson faz como consultor, só que era realizado internamente, para toda a organização.

A compra da Covidien pela Medtronic foi, à época, a maior da história no setor de dispositivos médicos. Uma das melhores práticas adotadas pela empresa ainda durante a integração foi um programa chamado "Círculos de Cultura". Esses círculos de cultura, ou pequenas forças-tarefa multifuncionais, ajudaram a resolver conflitos culturais decorrentes da fusão, fazendo da agilidade de mudança uma competência organizacional. Além de relevante para o desenvolvimento profissional (quem participa de círculos de cultura tem três vezes mais chance de ser promovido) e a retenção (quem participa desse projeto tem sete vezes mais chance de permanecer na Medtronic), a novidade foi descrita pelos funcionários como um movimento de empoderamento que promove a inclusão de maneira natural. Na entrega do prêmio Wallin Leadership Awards em 2017, o CEO da Medtronic afirmou: "Os círculos de cultura provavelmente são a iniciativa de inclusão mais influente no MITG" (o Minimally Invasive Therapies Group [MITG] é basicamente formado pelos negócios da Covidien que a Medtronic comprou).

Essa inclusão fica evidente no final do programa, depois que indivíduos de diversas áreas da empresa ao redor do mundo colaboram para resolver um desafio organizacional surgido localmente, em sua subcultura. Nos círculos de cultura, há um treinamento final, o "Laboratório de Liderança", onde ocorre uma enorme competição e celebração das melhores ideias. Observei um desses laboratórios e vi como a competição criava colaboração e coesão. No final, o vencedor é anunciado em um auditório para centenas de fãs aos gritos – todos membros dos círculos de cultura.

Como convidada do evento Culture Circle de 2017 em Denver, fiquei meio espantada ao me dirigir para a frente do salão de eventos lotado para fazer meu discurso. A plateia gritava palavras de motivação, ria. Senti como se estivesse em um estádio de futebol. Disse algo – sinceramente não consigo lembrar o que foi –, e a sala irrompeu em aplausos. Naquele momento, me senti uma verdadeira celebridade. Mais importante, fui invadida por aquela sensação de confiança e camaradagem que uma cultura inclusificadora dá a seus membros.

Há muitas maneiras de formar equipes como essa. Uma delas é divulgar a oportunidade de resolver um problema organizacional (como uma força-tarefa destinada a medir a inclusão na organização) e montar as equipes mais diversas que puder com quem se oferecer para o projeto. Também é possível vasculhar a organização e escolher a dedo indivíduos para compor a equipe. Seja qual for o método escolhido, o grande objetivo é empoderar pessoas de diversas origens e setores da organização para resolver um problema organizacional.

MD Anderson Cancer Center

Dois anos depois da festa na Medtronic, eu estava em uma reunião de conselho (sou do conselho consultivo do MD Anderson Cancer Center) quando alguém voltou a falar sobre equipes de cultura – dessa vez, R. Kevin Grigsby, diretor sênior de liderança e desenvolvimento de talentos da Associação Americana de Faculdades de Medicina. Grigsby contou que está sempre usando esse tipo de equipe para melhorar a cultura e unir funcionários de diferentes disciplinas da saúde, áreas funcionais, etnias, classes socioeconômicas, gêneros e orientações sexuais. Tinha recorrido a elas, por exemplo, quando era reitor da Universidade da Pensilvânia, para tentar eliminar supostas iniquidades na faculdade de medicina.

Nessa intervenção, o pessoal da medicina montou oito equipes interdepartamentais para buscar soluções para os maiores desafios vividos pela universidade no tocante a missão, recursos e relacionamentos.[11] As equipes interdisciplinares trabalharam juntas e apresentaram soluções que contemplavam todas as diferentes perspectivas encontradas no campus. Com base em dados de pesquisas reunidos por Grigsby ao longo de vários anos, os times conseguiram melhorar processos, produtividade e percepções das pessoas sobre a cultura no campus.

Embora a diversidade seja inerente à formação de equipes de cultura, nenhum dos exemplos que citei fez as pessoas se sentirem como se estivessem participando de um treinamento sobre diversidade. Em vez disso, ao reunir as perspectivas de cada um e dar poder para que as equipes agissem, contribuíram para metas de diversidade e inclusão.

8

O Team Player

Tirando o "eu" da "equipe"

> "Já fui a despedidas de solteira e achei uma chatice. E fui uma das cinco mulheres que trabalhavam para uma chefe mulher. Era insuportável, ela vivia querendo que a gente fizesse programas juntas, tipo sair para fazer compras. Estou falando sério. 'Mas que diabo!', eu pensava."
>
> *Executiva do setor de varejo*

Team Player: origens

Team Players são um subconjunto da categoria Paladinos da Cultura. Se você é mulher (ou talvez de alguma minoria, ou uma pessoa LGBTQ) e o capítulo dos Paladinos da Cultura a impressionou porque você acredita na importância da cultura para a criação de um local de trabalho eficaz, mas o estilo de liderança não era exatamente o seu, talvez você seja uma Team Player. Quase toda mulher que declara "meu pior chefe foi uma mulher" tem um pouco de Team Player nela.

Muitas mulheres, pessoas não brancas, mulheres não brancas e LGBTQ com quem falei descreveram como foi difícil sua trajetória no trabalho. E, se sua escalada profissional se deu nos anos 1970, 1980 ou 1990, você provavelmente viveu o mesmo. Ninguém "baixou as exigências" para você ou lhe deu "tratamento especial" ao longo do caminho. Você definitivamente não teve a ajuda de muitas mulheres que estavam acima de você na hierarquia; é provável que houvesse poucas, ou talvez tenha achado que seus piores chefes eram outras mulheres.

O resultado, contudo, é que seu sucesso tem um gostinho melhor. Prova que você tinha o que era preciso para perseverar. E você continua esperando o mesmo de outras mulheres, pessoas não brancas, mulheres não brancas e LGBTQ. Você sente que apoia outras mulheres (ou minorias), é claro, mas espera que batalhem para vencer tanto quanto você batalhou.

Talvez você sinta que não é a típica mulher por ter decidido investir na carreira e não na família, ou não se identifica com a maioria das outras mulheres no trabalho. Ou, se for uma pessoa não branca, você acha que, de inúmeras maneiras, não é típica de seu grupo minoritário. Isso também é sinal de que você é uma Team Player.

Mantenha a distância

Em quase todos os casos, Team Players têm duas coisas em comum. Primeiro, perseveraram apesar de uma trajetória difícil na carreira e, segundo, não se identificam muito com seu próprio grupo, digamos, como um típico homem negro, uma típica mulher, um típico gay ou um típico deficiente. Em vez disso, tendem a se identificar com o grupo majoritário: homens brancos.

Considerando o descaso com que costumam ser tratadas, não é de surpreender que muitas mulheres e certas minorias queiram se mimetizar em vez de enfatizar seu gênero ou grupo racial. Seja qual for o motivo, nem todos veem a raça ou o gênero como parte de sua identidade central. A escritora, atriz e palestrante Priscilla Shirer, que é cristã evangélica e afro-americana, declarou em um vídeo no Facebook que não se identifica como mulher negra, apenas como cristã. "Não quero que 'negra', minha raça, seja o adjetivo que me define como mulher. Não sou uma negra, sou uma cristã que calhou de ser negra." Sua identidade é como cristã e como mulher; ela não se identifica com a própria raça. Seus críticos a acusam de, ao se distanciar da identidade de mulher negra, tentar se encaixar no grupo de cristãos de direita.

Em geral, vejo comportamentos de Team Player entre mulheres, embora também haja evidências de que alguns homens gays adotem traços hipermasculinos para se distanciar de estereótipos efeminados. Às vezes, pessoas não brancas fazem algo parecido. A estratégia de distanciamento social permite às pessoas evitar desvantagens de seu grupo ou escapar delas.[1]

Todo mundo quer estar no melhor time

De certo modo, todos queremos estar associados ao time vitorioso. Não sou uma grande fã de esportes, mas, por morar em Denver, quando os Broncos chegaram ao Super Bowl, quis comprar uma camiseta laranja. Queria ter aquele senso de identidade coletiva e fazer parte de um time (de torcedores) vitorioso. Senti a mesma coisa quando o Colorado Rockies foi para a World Series em 2007.

No entanto, há quem se identifique de tal maneira com o próprio time que é capaz de sair no tapa com quem questiona sua lealdade. São pessoas que estão presentes quando o time está ganhando, e também quando está perdendo. Lembro dos muitos torcedores do Green Bay Packers que conheci quando morei em Wisconsin. Para eles, não teria importado se os Packers jamais vencessem uma partida. Eles tinham ingressos para a temporada inteira e iam a todo santo jogo – até em dias com temperaturas abaixo de zero, algo corriqueiro em Green Bay.

Mas há também o torcedor de modinha, aquele que não tem uma identificação verdadeira e profunda com o clube. E o que acontece quando o time perde? Esse torcedor se afasta. Deixa de ir ao estádio, para de vestir a camiseta. Pode até começar a torcer para outro clube. Por quê? Porque torcer para quem está perdendo abala sua autoestima. É doído também para o torcedor verdadeiro, que suporta a dor porque o time precisa do seu apoio.

Quando meu grupo é atacado, minha vontade é debandar

Agora, vou aplicar essa mesma analogia a seu grupo racial ou de gênero. Quando alguém que não se identifica fortemente com seu próprio grupo – o torcedor de modinha – está levando uma surra, sua saída é debandar para um grupo vitorioso, pois isso contribui para sua autoestima. É, naturalmente, algo inconsciente. Ninguém diz "quero ser menos mexicano e mais branco". Mas a pessoa começa, sim, a tentar se ver como mais parecida com gente branca – e ao mesmo tempo buscar razões para ver a si mesma como diferente de outros mexicanos.

Por exemplo, em um estudo, cientistas pediram a policiais do sexo feminino que recordassem um momento no qual tivessem sofrido discriminação de gênero no trabalho. Para isso, as mulheres tinham de pensar em uma ocasião na qual seu grupo de gênero tivesse sido desrespeitado. A lembrança dessa discriminação levou as mulheres a enxergar a si mesmas como diferentes das outras mulheres; o que fizeram foi se desidentificar com outras mulheres e subestimar a prevalência do sexismo.[2] Isso não ocorre só com mulheres. Os mesmos cientistas pediram a imigrantes do Suriname que recordassem um caso de discriminação racial contra seu grupo, e fazer isso também levou aqueles indivíduos a se dissociar de seu próprio grupo.

O problema é que, quando esses distanciadores ocupam postos de poder, é comum virarem sentinelas do gênero (ou da raça). Ou seja, não deixam ninguém mais entrar, para seguirem sendo os únicos. Esse medo decorre de um viés de soma zero – o temor infundado de que, se uma pessoa vence, outra deve perder. A teoria dos jogos diz que há, sim, jogos de soma zero. Em tal situação, o comportamento competitivo talvez seja racional. Mas a maioria das situações na vida não é um jogo de soma zero. E o distanciamento acaba prejudicando a própria pessoa; uma única mulher em uma equipe, por exemplo, é vista de forma mais negativa do que quando o time tem mais mulheres.[3]

A loucura do Team Player

Nunca acreditei de verdade que havia "mulheres que não apoiam outras mulheres". Isso não quer dizer que eu não conheça o estereótipo. Basta buscar no Google "*bitchy bosses*" – o que equivale a dizer que a chefe é uma megera – para achar centenas de artigos com críticas a líderes mulheres que são competitivas demais para ajudar outras mulheres. Achava, no entanto, que essa figura era um bicho-papão criado para culpar a própria mulher por sua falta de progresso. Achava que a crença em Team Players era só um exemplo de preconceito de gênero, quando somos particularmente críticos com mulheres que não seguem aquilo que é esperado delas.

Com efeito, o dogma promovido na década de 1990 e no começo da de 2000 com livros como *Comporte-se como uma dama, pense como um homem: o que eles realmente pensam sobre amor, intimidade e compromisso*[4] ou até o mais recente *Faça acontecer: mulheres, trabalho e a vontade de liderar*[5] basicamente dizia à mulher que, para vencer no mercado de trabalho, seria preciso agir mais como homem. Não posso dizer a mulheres que não ajam como homens, pois certas mulheres têm uma personalidade bastante masculina. O que posso dizer é o seguinte: se você *não* tem tendência a ser hipermasculina e decide mudar seu estilo para se ajustar a um ideal masculino (o que, em si, já é exaustivo), é preciso estar ciente de que os dados mostram que isso vai prejudicar seu desempenho. Em minhas pesquisas, descobri que líderes mulheres que agem de forma masculina, sem exibir também traços mais femininos (como sensibilidade e afeto), têm menos sucesso como líderes.[6]

Mary, uma consultora de gestão, me falou de sua experiência no meio empresarial americano na década de 1980. Mary sempre foi valentona.

Ser a única menina em uma família de oito irmãos a ajudou a avançar na carreira administrativa e acentuou sua capacidade de se mimetizar e ser "um dos meninos", o que era quase obrigatório na época. Mary usava as grandes ombreiras e gravatas que as mulheres adotavam no trabalho para simbolizar que eram tão fortes e duras quanto os homens. Mas esse ar masculino só ajudava até certo ponto. "Quando você chega ao topo de uma organização, seu trabalho passa a girar em torno de relacionamentos – e eu não tinha um bom relacionamento com outras pessoas", contou. Depois de contratar um coach executivo, Mary aprendeu a refletir mais sobre a pessoa que queria ser e começou a dedicar mais tempo a promover e orientar outras mulheres. Team Players podem triunfar inicialmente por se encaixarem no grupo – mas, a longo prazo, sua incapacidade de estabelecer relações com outras mulheres, pessoas não brancas, mulheres não brancas e LGBTQ faz com que pareçam manipuladoras e frias nos relacionamentos interpessoais, o que impede seu progresso.

Estou dizendo que esse duplo critério é justificável? De modo nenhum. Vi, porém, que o caminho do sucesso é mais difícil para mulheres que adotam esse estilo; logo, se essa não for sua tendência natural, saiba que você pode estar desempoderando seus subordinados e, ao mesmo tempo, prejudicando a si mesma.

Ter conflitos interpessoais com outras mulheres, por exemplo, faz com que a mulher seja negativamente julgada por colegas.[7] E agir como defensora de homens brancos costuma se voltar contra a mulher, como descobriu a ex-vice-presidente de diversidade e inclusão da Apple, Denise Young Smith, que é mulher e afro-americana, durante palestra na One Young World Summit (instituição filantrópica do Reino Unido que promove o impacto positivo de líderes no mundo). "Pode haver 12 homens brancos, de olhos azuis e loiros em uma sala e ainda assim haverá diversidade, pois cada um trará uma experiência de vida e uma perspectiva diferente à conversa", disse.[8] A repercussão desse comentário foi tão negativa que a executiva acabou deixando o cargo.

O erro e o mito que movem o Team Player

O erro de se deixar amedrontar por estereótipos

O fato é que identificar-se com seu grupo racial ou de gênero quando outros o veem de forma negativa pode abalar sua autoestima e até seu desempenho. Fiquei chocada quando Reina, uma advogada hispânica de Chicago, contou como costumava sabotar a contratação de mulheres pelo escritório para poder, ela mesma, se destacar. Ao contrário da maioria dos Team Players com quem falei, ela admitiu fazê-lo. "Era subconsciente", explicou. "Quando cogitávamos contratar outra mulher para a firma, todo mundo olhava para mim como se eu fosse a única pessoa qualificada para avaliar o currículo, por ser mulher. E, ao examinar o currículo, eu sempre achava falhas – talvez ela não viesse da melhor faculdade ou não tivesse muita experiência em litígios. E eu apontava isso. Talvez não tivesse apontado as mesmas falhas para um homem." O que ela achava, basicamente, é que os homens queriam que ela criticasse as mulheres, o que ela fazia. E os homens "reagiam positivamente quando eu era dura com as mulheres". Ela explicou, ainda, que não queria que todos achassem que estava contratando uma mulher só por causa do gênero.

A mentalidade de Team Player da advogada mudou após a Marcha das Mulheres de 2017 e o surgimento do movimento #MeToo. Reina finalmente percebeu que, se ela – que já havia rompido barreiras e virado uma sentinela – não fosse justa com as mulheres, elas não teriam como progredir. A lição mais importante que aprendi com Reina foi que muitas mulheres podem achar que apoiar mulheres significa reforçar o viés pró-homem branco, fazendo com que julguem as mulheres por critérios mais rigorosos.

Não me ameace

Qual é o processo psicológico aqui? Se mulheres, pessoas não brancas, mulheres não brancas e LGBTQ acreditarem que foram contratadas por causa de gênero, raça ou identidade sexual, sua autoestima é abalada, pois isso confirma, psicologicamente, o estereótipo de que são menos competentes. Basicamente, pode criar o que o psicólogo social Claude Steele chama de "ameaça do estereótipo", a angústia vivida pelo indivíduo que está ciente dos estereótipos sobre seu grupo e tem receio de confirmá-los.[9] A ameaça do estereótipos pode minar o desempenho e também prejudicar sua visão de si mesmo.

Ser a única mulher (ou pessoa não branca) em um grupo já é, por si só, um fato capaz de produzir certo estresse. Quando somamos a isso a ansiedade causada pela ameaça do estereótipo, como a reduzida presença de mulheres em cargos de liderança, tanto sua confiança quanto seu desempenho podem ser prejudicados. Foi o que descobri em um estudo que comecei ainda na faculdade.[10] Com base na premissa de que mulheres sabem que são estereotipadas como líderes inferiores, mostramos estatísticas sobre a ausência de mulheres em cargos de liderança a um grupo de mulheres, como uma maneira de ameaçá-las com esse estereótipo.

Em seguida, pedimos que liderassem um grupo. Cruel, não? Quando as mulheres lideravam grupos com mais homens do que mulheres, o efeito da ameaça do estereótipo diminuía sua confiança, aumentava sua ansiedade e prejudicava seu desempenho. Já se houvesse mais mulheres, o efeito desaparecia. Uma explicação seria a tese de que muitos fracos fazem um forte.

Só porque é minoria

Essa questão sempre vem à tona quando falo sobre diversidade. É algo que ouço no meu próprio departamento. Queremos aumentar a diversidade na contratação. "Mas" – alguém intervém – "não queremos que achem que contratamos a pessoa *só porque* ela é de uma minoria". Mas por que ela ou ele acharia isso? Por que uma pessoa não acharia, naturalmente, que foi contratada por ser formidável? Por acaso um homem branco diz: "Puxa, acho que me contrataram só por causa da minha raça [ou gênero]"?

Achar que foi contratada por causa de raça, gênero ou deficiência pode fazer a pessoa se sentir muito mal, como mostrou um estudo. Em um experimento em laboratório, pesquisadores montaram equipes com indivíduos de ambos os gêneros e destacaram um líder para cada. O líder podia ser homem ou mulher, e alguns foram informados de que tinham sido escolhidos por seu gênero. Uma líder mulher, quando informada de que tinha sido escolhida pelo gênero, depreciava a própria liderança, assumia menos crédito pelo sucesso da equipe, se julgava deficiente no comando e relatava ter menos interesse em ocupar a posição de líder no futuro.[11] Quando um homem era informado de que tinha sido escolhido para a liderança só por causa de seu gênero, não havia nenhum desses efeitos.

Não faz muito tempo, estava dando uma palestra na startup de tecnologia SendGrid, em Denver. Quando disse que estipular metas de diversidade para a empresa é bom, uma mulher lá no fundo ergueu a mão e perguntou: "Se você estipular metas, as pessoas não vão achar que foram contratadas só por causa da sua raça? Eu não gostaria de ser contratada só por causa do meu gênero".

Minha amiga Tara Dunn, presidente da HighMark Law, tem uma excelente resposta para isso. Ela diz: "Veja só, se 30% das vezes você *não* é contratada porque é mulher, 30% das vezes você *acha* que só está sendo contratada porque é mulher e 30% das vezes você não é mesmo qualificada, então você só tem acesso a um décimo das vagas no mercado. É melhor aceitar o emprego".

Voltando ao exemplo da SendGrid, perguntei: "E por que não? Quantas vezes você *não* foi contratada por causa de gênero? Se alguém quiser contratá-la por causa de gênero, que contrate! Você aceitaria que alguém a contratasse porque você é filha de um ex-companheiro de faculdade dele? Ou de alguém com quem ele costuma jogar golfe? Esses motivos são igualmente arbitrários. Minha opinião é que, se alguém quiser contratá-la por causa do seu gênero, aceite e arrase. Se não merecia ser contratada, seu desempenho vai deixar claro. Mas eu duvido".

A única diferença entre aceitar um emprego porque o colega de faculdade do seu pai a contratou e aceitar um emprego porque você é mulher é que não há ameaça do estereótipo de que gente "favorecida por causa de velhos amigos do pai não é competente", de modo que ninguém se sente ameaçado ao receber esse empurrãozinho.

Uma amiga afro-americana, Jamie, me contou uma história parecida. Segundo ela, na primeira semana do curso em uma faculdade de elite, um aluno branco questionou a presença dela naquela faculdade dizendo que ser negro "deve ser bom", pois ajuda a pessoa a entrar na universidade. Jamie encarou o garoto, cujo nome era o mesmo do ginásio que acabara de ser inaugurado no campus, a poucos metros dali. "A sua família pagou pelo ginásio", disse ela. "Você acha que está aqui nesta faculdade por causa de mérito?"

O irônico é que muita gente enxerga uma espécie de justiça inerente em vantagens recebidas por filhos de grandes doadores ou ex-alunos na hora de ingressar na faculdade. Mas e se você for um pessoa não branca em uma escola de elite? Em geral, a tese é que essa pessoa foi admitida por sua raça e não merece estar ali – ainda que não haja verdade nisso. Olho para meus próprios filhos – se minha filha fosse admitida em Stanford, diria a ela que fosse. Não me importa se entrou porque o pai estudou lá, porque é mexicana ou porque descobriu uma nova espécie de parasita chamada *Katelyneroia Johnsonia* (isso ainda não aconteceu, mas meio que torço para que aconteça). Se entrasse, não importa como, diria que fosse e arrasasse enquanto estivesse lá.

Voltando à minha palestra na SendGrid, James, um homem negro, respondeu a meu argumento – o meu "e daí?" – dizendo: "Homens negros também não estão nem aí se é por causa da raça que somos contratados. Veja bem, se você *não* contrata a gente por causa da raça, é um problema, mas se você está disposto a me dar o emprego que eu quero, não estou nem aí se é por causa da minha roupa, do meu cérebro ou da minha raça".

Adorei um comentário feito por Chanel, uma negra que trabalhava para o governo. "É claro que todo mundo vai achar que você foi contratada por causa da sua raça ou do seu gênero", disse. "É claro que sempre vai haver esse medo. Mas e daí? Você vai ser julgado pelo desempenho, então é melhor gastar sua energia com isso e deixar o resto de lado. Não vou deixar que isso me atrapalhe. Quem chegou a esse posto por causa dos contatos ou de nepotismo não parece se importar. Então, não vou deixar que isso me incomode."

> AÇÃO INCLUSIFICADORA: **adotar um mindset de crescimento.**

Como vencer a ameaça do estereótipo? Adotando um mindset de crescimento. No espetacular livro *Mindset: a nova psicologia do sucesso*, Carol Dweck explica que um mindset de crescimento é acreditar que o talento pode ser desenvolvido "com muito trabalho, boas estratégias e orientação", em oposição ao mindset fixo, quando a pessoa acredita que "seus talentos são dons inatos".[12] Quem tem um mindset fixo está em desvantagem, pois não vê espaço para melhorar; a seu ver, sempre vai ser o que é. Já quem tem o mindset de crescimento acredita na própria capacidade de aprender e melhorar, o que leva a um melhor desempenho e ao sucesso. Mas Dweck revela que, embora possamos ter a tendência a um ou outro mindset, quem se inclina mais para o fixo pode, sim, desenvolver o de crescimento se assim desejar.

Essa ideia é relevante para a ameaça dos estereótipos porque estes só representam uma ameaça se você tem receio de que seu grupo seja menos competente do que outro. Já se acredita que competência não é algo inato – se crê, antes, que toda competência pode ser desenvolvida (dados corroboram essa noção) –, isso invalida todos os estereótipos. É por isso que diversos estudos de intervenção já mostraram que adotar um mindset de crescimento diminui a ameaça do estereótipo.[13]

E como cultivar o mindset de crescimento? Dweck também tem a resposta para isso. Estipular metas de aprendizado e desenvolvimento para si mesmo revela que toda característica é maleável e ativa um mindset de crescimento. Reflita sobre as perguntas a seguir.

ATIVIDADE DE MINDSET DE CRESCIMENTO
Que habilidades preciso exibir para ter sucesso no trabalho [ou como líder]?
Qual é a melhor maneira de adquiri-las?
Que grau de competência aspiro alcançar?
Como vou saber se atingi esse ponto?

O mito de que ser o único compensa

Aferrar-se a seu papel de única mulher ou pessoa não branca em uma organização compensa mesmo? Estudos dizem inequivocamente que *não*; ser a única mulher ou pessoa não branca na verdade reduz as chances de sucesso e leva os outros a ter uma visão mais preconceituosa e estereotipada dessa pessoa. Um estudo de escritórios de advocacia revelou, por exemplo, que, quando havia só uma mulher na firma, a antipatia por ela era enorme e sua chance de sucesso, muito baixa. Já em firmas com várias mulheres, elas despertavam mais simpatia e tinham mais probabilidade de vencer. E estar só também pode abalar sua autoestima. Lembra do meu estudo sobre a ameaça do estereótipo?

Os benefícios de uma equipe diversificada também são menores se há só um representante de minorias. Um estudo mostrou que é preciso ao menos três mulheres em um conselho para que o efeito positivo da presença delas seja observado.[14] Quando havia três mulheres em um conselho, todas sentiam mais liberdade para levantar questões e tinham a sensação de que eram mais ouvidas. Com três mulheres, havia um ambiente mais favorável, no qual elas se sentiam mais tranquilas em se associar umas às outras. Também havia menos estereotipagem;

já não se supunha que elas falavam por todas as mulheres. Infelizmente, a maioria dos conselhos só tem duas mulheres.[15]

Embora mulheres de sucesso volta e meia sejam caracterizadas como megeras, estudos mostram que 60% a 75% dos indivíduos rotulados como provocadores – por apresentarem atitudes que podem ser consideradas bullying – no trabalho são homens e 60% a 75% dos que são provocados são mulheres. Mas o estereótipo de que a mulher precisa ser provocadora para chegar ao topo persiste, e leva, sim, certas mulheres a adotar essa atitude (afinal, 25% a 40% dos provocadores são mulheres e 70% das mulheres relata ter sido vítima de bullying por uma chefe).[16]

No trabalho, o bullying frequentemente se manifesta como hostilidade, em geral envolvendo algum diferencial de poder – formal ou informal – que dá ao agressor liberdade para se portar mal sem temer consequências. Há muitas formas de bullying, mas duas categorias amplas são comportamentos diretos (gritar) e indiretos (isolar ou falar mal de alguém).[17] É difícil erradicar esses comportamentos – o agressor em geral tem poder sobre a vítima –, mas contar com diretrizes claras sobre a conduta aceitável no trabalho, bem como uma política de tolerância zero para o bullying, pode ajudar. Como mencionado anteriormente, certas organizações já agiram para conter esse comportamento destrutivo, caso do Credit Suisse, que demitiu um alto executivo, Paul Dexter, por ter intimidado um estagiário homem.[18]

> AÇÃO INCLUSIFICADORA: **erradicar o bullying e começar a doar.**

O antídoto para o bullying é doar. Como disse Adam Grant no livro *Dar e receber: uma abordagem revolucionária sobre sucesso, generosidade e influência*, é possível combater a atitude competitiva e intimidadora de soma zero com generosidade.[19] Grant mostrou que quem doa encontra mais sentido no trabalho e é mais feliz do que quem não doa. Além disso, esse comportamento generoso vai diminuir a reação negativa que um Team Player desperta nos outros. Naturalmente, ninguém quer parecer inautêntico ao passar de provocador a anjo de um dia para o outro. Talvez seja melhor abordar o problema sem rodeios. Sugiro começar conversando com integrantes de sua equipe sobre seus pontos fortes e suas deficiências na liderança, perguntando a eles que coisas você faz que eles gostariam que fizesse mais, quais gostariam que você seguisse fazendo e quais gostariam que fizesse menos. Esse tipo de pergunta abre as portas para o estabelecimento de relações de maior confiança e lhe dá liberdade para provar novos comportamentos de liderança – como tentar ser mais generoso.

9

Estratégias de liderança para Team Players

> "Acho que não apoiar outras mulheres é uma idiotice. É como disse a Madeleine Albright: 'No inferno, há um lugar reservado para as mulheres que não ajudam outras mulheres'. Seria absolutamente impossível eu estar onde estou hoje sem o apoio de mentores e de pessoas, homens e mulheres, que me salvaram de mim mesma."
>
> Liz Smith, Ex-CEO, Bloomin' Brands (Inclusificadora)

Vi muitas Team Players que se estabeleceram profissionalmente na década de 1980 virarem Inclusificadoras hoje. Embora lá atrás possam ter sentido a necessidade de se distanciar de outras mulheres para se encaixar, o ambiente das empresas nos dias atuais incentiva as mulheres a apoiar outras mulheres.

Lembro-me de uma declaração da ex-presidente do Yahoo!, Marissa Mayer, na época em que foi a primeira engenheira do Google: "Não sou uma mulher no Google; sou uma *geek* no Google". Em um documentário da PBS, *Makers: Women Who Make America,* Mayer declarou que não era feminista.[1] Também ficou famosa por trabalhar longas horas, dispensar licenças-maternidade muito grandes e acabar com o horário flexível na empresa. Ao tentar provar que ela e seu estilo de liderança casavam com a cultura masculina do Vale do Silício, Mayer se afastou de outras mulheres.

Uma das decisões mais polêmicas da executiva foi abolir a popular política de teletrabalho da empresa,[2] embora quem trabalhe remotamente tenda a ser mais engajado, comprometido e entusiasmado, segundo a Gallup (desde que trabalhem fora da empresa menos de 20% do tempo). Mayer tirou só duas semanas de licença após o nascimento do filho e, quando teve gêmeas, ficou menos de um mês fora. Ela foi acusada de piorar a situação das mulheres que trabalham no Yahoo!, em vez de servir de mentora ou modelo.[3]

Será que a visão de Mayer mudou desde que o Yahoo! foi comprado pela Verizon e ela perdeu o posto de CEO?[4] Pode ser. Mayer propôs a criação de um clube privado para mulheres que trabalham fora e famílias na região da Baía de São Francisco[5] e, não faz muito tempo, investiu em um espaço de recreação familiar em Tribeca, na cidade de Nova York.[6] Isso tudo talvez sugira que ela ficou mais Inclusificadora, ou que, ao menos, mostra empatia diante da fato de que ser mãe e trabalhar fora pode ser um desafio para muitas mulheres.

Briga pelo único espaço

Algumas ex-Team Players me contaram que achavam, inconscientemente, que, se outra mulher chegasse a seu nível, elas seriam menos especiais ou teriam de competir com essa nova mulher por reconhecimento. Quer dizer que se eu demonstrar mais respeito por você sobra menos respeito para mim? É claro que não – e, aliás, eu provavelmente terei mais respeito em troca. Se eu, como professora, contratar mais professoras, perco recursos como aumentos e oportunidades de liderança? Ou ganho possíveis novas colaboradoras, mais ajuda na orientação de doutorandos, mais conhecimento e expertise para acrescentar a meu departamento? O viés da soma zero costuma ser só um mito que nos leva a sonegar recursos.

Jane Miller, CEO da Lily's Sweets e parte do time que inventou o Chili Cheese Fritos (obrigada, Jane), não tem nada de Team Player. Ela é 100% Inclusificadora. Quando estava galgando degraus em grandes empresas como PepsiCo, Heinz e Hostess, nas décadas de 1980, 1990 e 2000, havia pouquíssimas mulheres no escalão executivo. E Miller enxergou uma dinâmica estranha: se de cada dez postos executivos um fosse ocupado por uma mulher, todas as mulheres em escalões inferiores sonhavam em ocupar aquele cargo específico. Miller não entendia. "Por que estão todas de olho no cargo ocupado pela mulher? E os outros nove?"

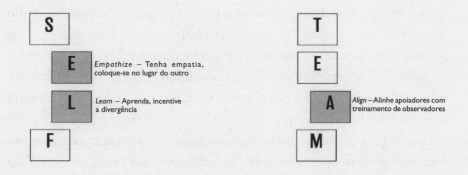

Uma saída para uma Team Player avançar rumo à inclusificação é se concentrar na contribuição singular que mulheres, pessoas não brancas, mulheres não brancas e LGBTQ podem dar para a organização. Basta demonstrar mais empatia, tentando se colocar no lugar delas. É possível, ainda, priorizar o aprendizado, deixando espaço para a divergência e alinhando apoiadores.

Coloque-se no lugar do outro (tenha empatia)

Danielle, uma profissional de RH do setor de saúde, me contou que tinha tido uma vida de relativo privilégio: fora criada pelo pai e pela mãe em uma família de classe média alta e cursara uma excelente faculdade. Enquanto escalava a hierarquia de sua organização, nunca achou que fosse seu papel dar apoio a outros afro-americanos. "Eu não conhecia a experiência de todos os afro-americanos; só conhecia a minha experiência de vida, que não teve muitas dificuldades nem escassez de oportunidades." Como se encaixou com facilidade na cultura dominante, nunca imaginou que outros pudessem se sentir perdidos ou ter dificuldade nesse ambiente. "Não tinha me dado ao trabalho de pensar sobre isso", disse.

Quando decidiu buscar maneiras de aumentar a diversidade na organização, Danielle percebeu que seu foco na igualdade – em dar o mesmo tratamento a todos – não era exatamente justo. "Precisávamos partir para um recrutamento ativo de afro-americanos que talvez não achassem que tinham o currículo que buscávamos. Tudo o que eles precisavam era alguém que dissesse que eram o tipo de pessoa que estávamos buscando e que seriam bem-vindos na organização." Ela desconhecia o viés sistêmico e o racismo implícito, mas ficou ciente disso ao se colocar no lugar dos outros e conseguiu se tornar mais consciente.

Team Players normalmente estão desconectadas daquilo que outras mulheres, pessoas não brancas, mulheres não brancas e LGBTQ estão sentindo porque se distanciaram delas. Precisam, portanto, despertar sua empatia para voltar a uma condição na qual possam entender a experiência vivida pelos colegas de trabalho. Como a maioria dos Team Players que conheci eram mulheres e a mulher já tende a dominar a arte da empatia, sugiro colocar em prática o que ensino na lição *Colocar-se no lugar do outro*.

Devido ao viés psicológico chamado "projeção", todos imaginamos que o resto do mundo enxerga as coisas da mesma maneira que nós e projetamos o máximo em quem é mais parecido conosco. Quando entrevisto mulheres sobre assédio sexual, por exemplo, quem nunca foi sexualmente assediada tem mais dificuldade de acreditar que outras mulheres passaram por isso. Basicamente, acreditam que, se isso não aconteceu com elas, não poderia estar acontecendo com outras. Essa incapacidade de se colocar no lugar do outro torna difícil sentir compaixão por quem teve uma experiência diferente da sua. Quem não tem empatia tende a julgar aqueles que tiveram uma experiência distinta ou que fizeram escolhas diferentes. Se você nunca considera a perspectiva alheia ou tenta ver as coisas do ponto de vista desses indivíduos, as escolhas do outro podem simplesmente parecer equivocadas.

Como criar empatia

Criar empatia é simples. É só falar com o outro para descobrir o que ele pensa e tentar entender sua perspectiva. Agora, se você não costuma circular por aí para conhecer melhor os outros, às vezes é preciso um chacoalhão para que isso ocorra. Pelo menos foi o que Samantha Gilbert, vice-presidente de talentos e RH da Fundação Ford, me disse. A Fundação Ford foi criada por Edsel Ford com o objetivo de melhorar a condição humana ao redor do mundo. Tenho um apreço especial por ela, pois minha pesquisa de dissertação foi bancada com uma bolsa da instituição.

Como a fundação foi criada em 1936, muita coisa ainda era feita à moda antiga, em descompasso com a realidade do século 21. Ciente de que era preciso modernizar o *modus operandi*, Gilbert encomendou uma auditoria cultural a um consultor. Uma das recomendações desse consultor foi aumentar a empatia consciente com a aplicação do seguinte questionário a membros da equipe:

Fale sobre os momentos em que se sente incluído
- O que faz você se sentir assim?
- Como ensinar os outros a agir mais dessa maneira?

Agora, fale sobre os momentos em que não se sente incluído
- O que faz você se sentir assim?
- Como ensinar os outros a agir menos dessa maneira?

Naturalmente, não basta fazer perguntas; é preciso também ouvir as respostas. Fazer isso ajudará a aumentar sua empatia.

Incentive a divergência (aprenda)

Outro passo para tornar a diversidade e a inclusão o alicerce de uma equipe é garantir que aqueles que têm uma opinião distinta sejam ouvidos. A importância da comunicação aberta está resumida em uma frase de Napoleão Bonaparte: "Não devemos temer quem discorda de nós, mas, sim, quem discorda de nós e é covarde demais para assumir".

Para buscar aprender com os membros da equipe, líderes podem *incentivar a divergência*. Isso cria mecanismos estruturais que facilitam a comunicação saudável de diferentes pontos de vista. Embora essa habilidade seja boa para qualquer líder, ela é um meio excelente de começar a mudar a cultura se você for um Team Player.

Uma vez criado um bom ambiente, o passo seguinte é garantir que todos contribuam, para que nenhuma informação importante seja ignorada. Talvez seja o caso de criar um espaço físico que incentive a interação e minimize dinâmicas de poder, como sentar as pessoas em um círculo. Também sugiro deixar de fora aparelhos (notebook, celular), salvo se necessário para algo específico. Dave Lougee, CEO da gigante de mídia Tegna, explicou como as informações se perdem quando a divergência não é incentivada.

Anos atrás, Lougee participou de uma atividade de desenvolvimento de liderança no Centro de Liderança Criativa (CCL, na sigla em inglês), na cidade americana de Colorado Springs. A certa altura do programa, os líderes fizeram uma dessas atividades de sobrevivência na natureza na qual a pessoa classifica o valor, para a sobrevivência, de vários itens – primeiro individualmente e, depois, como grupo. Se der uma busca no Google, você verá que a lista de possíveis cenários para esses exercícios é grande: perdidos no mar, no espaço, no deserto, na neve. Nesse caso, estavam perdidos na neve, em meio a montanhas.

Ele lembra: "Havia 16 homens e duas mulheres no grupo. Uma era do tipo A, como os 16 homens, e a outra era mais contida, do tipo

B. Quando sentamos pela primeira vez para que cada um se apresentasse, lembro que a mulher do tipo B falou de seu *hobby*, o montanhismo. Lembro claramente, porque ela não falou muito mais que isso". Quando o grupo foi dividido em três equipes, Lougee não teve a sorte de ficar na equipe da montanhista.

Todas as interações do grupo foram gravadas. Durante o relatório final, foi constatado que, de modo geral, o desempenho dos grupos tinha sido bem melhor do que o individual – embora um indivíduo tenha tido um desempenho espetacular: a discreta montanhista. Seu grupo, no entanto, foi o que apresentou o pior desempenho. Como explicar? Quando assistiram à gravação, os cinco homens dessa equipe (todos do tipo A) ficaram mortificados ao constatar que tinham ignorado as sugestões dela, interrompido quando ela tentava dizer algo e sequer feito contato visual com a colega.

"Aprendi duas lições igualmente profundas naquele dia", contou Lougee. "Primeiro, se houver perspectivas variadas, o grupo se sai melhor do que o indivíduo de uma maneira impressionante. É a sabedoria das multidões. Segundo, quem tem as melhores ideias nem sempre é ouvido, para infelicidade da equipe. Como um líder não tem como saber o que não ouve, é preciso criar estratégias para que todos contribuam, e isso significa aumentar a inclusão".

O gato comeu a sua língua?

Mas por que uma pessoa vai a uma reunião e não participa? Vai ver é insegura, acha que sua opinião não tem valor ou sente que é interrompida ao falar e que suas ideias são ignoradas. E, às vezes, simplesmente foi orientada a ficar calada. Lembro de ir a uma reunião de docentes em um dos meus primeiros empregos e de fazer comentários durante a discussão de certos assuntos. Quando a reunião acabou, uma docente me chamou de lado no corredor para me dizer que professor assistente (quem não é titular é chamado de assistente) não *fala* durante reuniões. "Por que ir, então?", perguntei.

E não sou só eu. Uma amiga, que vou chamar de Kerry, me ligou para pedir um conselho: queria saber como deveria dar sua contribuição em reuniões. Kerry trabalhava em uma grande fabricante de bebidas e tinha sido promovida havia pouco a um cargo que lhe dava acesso a certas reuniões do alto escalão executivo. Como estava um pouco nervosa na primeira reunião, ficou só observando e ouvindo, para entender quais eram as normas sociais do grupo. No final, quando já atravessava as altas portas de vidro da sala para ir embora, foi puxada de lado por uma executiva que lhe disse que, se não fosse contribuir para a discussão, nem precisava aparecer nas próximas reuniões. No encontro seguinte, então, Kerry fez uma ou duas intervenções e se sentiu bem com isso. Mas, ao final da reunião, aquela mesma executiva do episódio anterior disse a ela que, se não tivesse nada importante a dizer, era melhor voltar a ficar calada.

Nenhum desses exemplos tem a ver com diversidade, mas ajudam a explicar por que pode ser difícil fazer as pessoas contribuírem para uma discussão. Normas ou expectativas culturais podem deixar as pessoas com medo de contribuir ou com um temor ainda maior de *não* contribuir. Se quiser maximizar os benefícios da diversidade, a ideia é levar as pessoas a contribuir igualmente (como descobriu o Google no Projeto Aristóteles[7]), mas prestando atenção às necessidades emocionais dos membros de sua equipe, para que se sintam seguros ao manifestar sua opinião. Isso pode ser ainda mais importante para mulheres, pessoas não brancas, mulheres não brancas e LGBTQ.

Um local de trabalho seguro

Para incentivar todos a contribuir é preciso criar aquilo que Amy Edmondson, professora de liderança e gestão da Harvard Business School, chama de "segurança psicológica" – ou seja, fazer o indivíduo sentir que pode assumir riscos emocionais ou relacionais na organização.[8] Como seria de esperar, Edmondson e colegas constataram que comportamentos inclusivos do líder, sobretudo aqueles ligados ao líder aprendendo com os outros (incentivar os liderados a tomar a iniciativa, pedir a contribuição de membros da equipe e valorizar igualmente a opinião dos outros), tinham correlação positiva com a segurança psicológica de integrantes da equipe.[9] Para tirar proveito dos benefícios da diversidade, é preciso criar um ambiente seguro no qual todos possam dar sua contribuição.

Já ouvi muitas outras estratégias formidáveis de comunicação para incentivar a divergência. Pode ser algo simples como uma norma que proíba interrupções, pois mulheres, alguns grupos minoritários e introvertidos podem ficar intimidados quando interrompidos. Pode ser exigir que as pessoas pensem em sugestões de antemão, já sabendo que terão de apresentar suas ideias durante a reunião, para evitar a sensação de estar na berlinda (que gente menos assertiva às vezes pode ter). Um trabalhador elogiou muito a capacidade do chefe de encorajar a divergência e de garantir que a discussão jamais seja dominada por um único indivíduo. Um meio usado por esse chefe é dizer algo como "Fulano, só avisando, daqui a pouco vou querer saber sua opinião sobre o assunto X". Com isso, aquela pessoa tem tempo para organizar as ideias de modo que, quando tiver de dizer o que pensa, não vai soltar algo incoerente, o que, de novo, cria inclusão e, consequentemente, leva a um processo de raciocínio melhor.

Advogado do diabo em um hospital católico

Kevin E. Lofton, o inclusificador que dirige o grupo de saúde CommonSpirit Health e foi CEO da Catholic Health Initiatives, me contou como incentiva a diversidade na tomada de decisões para ajudar a produzir os melhores resultados. Lofton escolhe um "advogado do diabo" para todas as reuniões, uma atitude ousada em uma organização religiosa na qual viver em harmonia um com o outro é uma espécie de imperativo cultural. "Quero mostrar a todos que falo sério quando digo que quero ideias diferentes. E quero ver essas ideias testadas, sejam elas minhas ou de outra pessoa. O importante é que eles saibam que, ao fazê-lo, não estarão pisando no calo de ninguém. Ninguém vai sair desmoralizado se uma ideia não der certo ou se questionar uma ideia mesmo sem ter argumentos sólidos. Isso pode abrir a porta para outros pensamentos entrarem e talvez tenhamos mais inovação dessa maneira."

Líderes que desejam incentivar a participação de todos em reuniões invariavelmente (ou quase) aplaudem ideias diferentes e garantem que a discussão permaneça civilizada. Uma ótima ferramenta é resumir as conclusões ao final da reunião e perguntar se alguma coisa ficou de fora ou se alguém tem algo a acrescentar. Outra ideia é pedir que as pessoas defendam um argumento oposto ao seu para expor eventuais falhas em sua tese. Em todos os casos, o objetivo é incentivar as pessoas a falar e criar um ambiente no qual todos possam ser ouvidos.

> **Dicas para incentivar a divergência**
> - Proibir interrupções.
> - Nomear um advogado do diabo.
> - Enviar de antemão perguntas aos participantes da reunião.
> - Pedir a todos que deem ideias.
> - Parabenizar quem dá ideias divergentes.
> - Avisar a pessoa com antecedência se for pedir a opinião dela sobre algo.
> - Pedir às pessoas que façam a defesa do ponto de vista contrário ao delas.
> - Reforçar positivamente contribuições.
> - Não tolerar intervenções desrespeitosas.

Estabelecer esse senso de segurança exige certo empenho do líder, mas o resultado em criatividade, camaradagem e confiança vale o esforço.

Alinhe apoiadores com treinamento de intervenção de observadores (alinhe)

Uma medida muito eficaz para alinhar o esforço de todos por uma causa comum é o treinamento de observadores. Aqui, parte-se do pressuposto de que há muita gente na organização que compartilha valores inclusificadores e que estaria disposta a participar de iniciativas para reduzir assédio, discriminação e bullying mas simplesmente não sabe como. Team Players têm bons contatos com membros do grupo majoritário da organização e podem reuni-los para iniciar um treinamento como este.

Logo no início do #MeToo, muitos jornalistas vieram me perguntar (como especialista em assédio sexual) como era possível que agressores como o produtor de cinema Harvey Weinstein e o apresentador Matt Lauer, do programa de TV *Today Show*, pudessem ter cometido atos de assédio tão flagrantes sem que ninguém percebesse. Ou, se alguém tivesse percebido, por que ninguém fizera nada?

O efeito do espectador

Expliquei que, como muita gente sabia da situação e tinha testemunhado os assédios, a probabilidade de que interviessem na verdade diminuía. Isso se devia ao chamado "efeito do espectador". Um clássico estudo dos psicólogos sociais John M. Darley e Bibb Latané mostrou que o efeito é mais acentuado quando as pessoas estão em meio a uma multidão, pois não sentem o peso da responsabilidade. Se ninguém mais na multidão está intervindo, a mensagem para o indivíduo é que ele tampouco deve agir.

No estudo de Darley e Latané, um aluno era colocado em uma cabine para conversar sobre um determinado assunto com indivíduos em outra cabine.[10] Nessa outra cabine, podia haver uma ou quatro pessoas. A certa altura, um participante (que colaborava com o estudo) fingia estar tendo uma convulsão. Quando havia um só participante, ele ou ela interveio para ajudar 85% das vezes. Já quando havia quatro participantes, somente 31% das pessoas ajudaram – não porque os indivíduos nesse grupo não tivessem consciência, mas porque acharam que um dos outros agiria primeiro.

Outro estudo mostrou que as pessoas permanecem em uma sala sendo invadida por fumaça se as demais pessoas no recinto não esboçarem reação.[11] Ver que ninguém mais está reagindo basicamente envia a mensagem que:

- Deve estar tudo bem.
- A situação não é tão ruim assim.
- Eu não deveria ajudar, pois ninguém mais está ajudando.

Sobretudo em situações ambíguas, o comportamento dos outros serve de guia para o nosso. É aí que o Inclusificador pode exercer um grande impacto. Uma das coisas que um Inclusificador faz é definir expectativas claras para todos sobre que comportamento é adequado e o que fazer quando testemunhamos uma conduta inapropriada.

Uma das poucas ferramentas que dão resultado no combate a comportamentos negativos no local de trabalho, como assédio sexual e bullying, é o treinamento de intervenção de observadores.[12] Significa ensinar as pessoas a intervir se virem um problema. A ideia é incluir homens brancos como parte da solução para a diversidade, deixando todos alinhados.

No treinamento para a intervenção de espectadores, as pessoas aprendem a:
- Perceber eventos e classificá-los como um problema.
- Sentir motivação, capacidade e poder para intervir.
- Ter um plano para intervir e colocá-lo em prática.

A dúvida é saber a que tipo de evento a pessoa deve estar atenta. Os mais comuns no treinamento de intervenção de observadores são assédio sexual, discriminação e bullying.

Comportamentos de assédio sexual
- Oferta de benefícios no trabalho em troca de favores sexuais ou ameaça em caso de recusa.
- Abuso sexual, incluindo tocar ou apalpar.

- Pedidos de favores sexuais ou avanços sexuais indesejados.
- Exibir partes íntimas ou mostrar fotos com nudez.
- Fazer comentários sobre atos sexuais ou orientação sexual de uma pessoa.
- Falar sobre experiências ou fantasias sexuais no trabalho.

Discriminação
- Restringir oportunidades de emprego ou crescimento profissional devido a uma condição protegida por lei (raça, gênero, orientação sexual, deficiência, idade e nacionalidade).
- Fazer comentários negativos sobre outras pessoas devido a uma condição protegida.
- Fazer comentários negativos sobre a condição protegida da pessoa para ela mesma (ex.: "Homem é tudo babaca").
- Zombar de uma condição protegida.
- Exibir comportamento não verbal negativo dirigido a alguém cuja condição é protegida.

Bullying
- Espalhar boatos sobre alguém.
- Intimidar alguém fisicamente.
- Zombar da aparência ou de outro traço de alguém.
- Humilhar ou degradar publicamente alguém.
- Fazer comentários negativos para alguém (e depois fingir que era brincadeira).
- Negar-se a falar com alguém (tratamento do silêncio).
- Excluir alguém de interações sociais.

A grande dúvida que vem a seguir é o que um espectador deve fazer para intervir caso seja testemunha de uma conduta inadequada. Há quatro alternativas possíveis – o que chamo de "modelo DARE", que, em inglês, significa ouse.

Distraia o autor da conduta, interrompendo a situação. Para isso, peça para falar com o perpetrador, tire o alvo da conduta da situação ou mude o assunto.

Aborde o comportamento do autor da conduta. Caso se sinta à vontade para confrontar diretamente essa pessoa, aborde-a no exato instante ("Ei, calma!") ou peça para falar com ela a sós. Em vez de repreender ou desafiar a pessoa – um impulso comum –, o melhor talvez seja tentar fazê-la ver como seu comportamento é nocivo. Como? Com perguntas como "Você sabe como isso soou?", "O que você quis dizer?" ou "Por que você disse aquilo?".

Recrute a ajuda de outras pessoas. Se achar que não é capaz de lidar sozinho com a situação devido a diferenças de poder ou medo de represálias, peça a ajuda de um gerente, de um profissional do RH ou de colegas no trabalho; a união faz a força.

Envolva o alvo da conduta na conversa. Pergunte como essa pessoa se sentiu naquela situação. Em vez de dizer algo como "Você está sendo alvo de assédio/bullying", explique que testemunhou uma situação que julgou inadequada, mas que queria saber como ela – o alvo da conduta – se sente. Pergunte se a situação a incomodou ou como ela se sente em relação ao ocorrido. Só então ofereça ajuda. E, importantíssimo, deixe claro que a culpa não é dele ou dela.

Muita gente vê o treinamento de intervenção de observadores como uma maneira de policiar os homens, quando, na realidade, a técnica é igualmente eficaz para coibir o bullying praticado por mulheres.[13] O mais importante de tudo é deixar claro para todos que esse tipo de comportamento impede a equipe de atingir suas metas e que o treinamento ajuda a garantir que o time siga engajado, produtivo e eficaz.

10

O Cavaleiro Branco

Quando *ele não* salva o dia

"EXECUTIVO: As mulheres são boas na gestão de pessoas, não é? Elas têm mais empatia, entendem melhor as pessoas, sabem dialogar. Isso vai ser bom, não vai? Só pode ser bom, certo?
EU: Sua equipe tem uma boa diversidade?
EXECUTIVO: Não, aqui só tem homem. A gente tinha uma mulher, que eu adorava. Ela me deixou."

Alto executivo, pesquisa e desenvolvimento

Cavaleiro Branco: origens

Muitas meninas e muitos meninos ficam fascinados, logo cedo, pela ideia do cavaleiro em sua reluzente armadura indo ao socorro da donzela. Ao crescer, tem menina e menino que quer que alguém venha salvá-los. Já outros querem ser o salvador. No último verão, pegamos emprestados os caiaques do vizinho para um passeio no lago. Ao voltarmos, vi que ele estava no quintal, mexendo no carro, e gritei que já levaria os caiaques de volta. Ele respondeu: "Não vamos usar agora, pode esperar seu marido trazer!". Ao ouvir o diálogo, meu marido, que estava na garagem, saiu e disse: "A Stef leva, ela é forte!". "Cavalheirismo já era", retrucou o vizinho.

Comportamentos que associamos a cavalheirismo e que o homem aprende desde cedo – coisas como abrir a porta para a mulher, carregar sua bolsa e tratá-la de um modo diferente do homem (e melhor até) – em geral são transmitidos às crianças pelos pais. Se você vê sentido nesses ideais e os leva para o trabalho, o efeito pode ser convertê-lo em um Cavaleiro Branco. O Cavaleiro Branco apoia e promove mulheres (e minorias, mas em geral mulheres) com a melhor das intenções, pois enxerga as injustiças contra elas no trabalho e quer ajudar a eliminá-las. Mas, se notar que seu esforço nesse sentido não está resultando na ascensão profissional das mulheres ou sentindo certa animosidade de outros homens no trabalho, é possível que você esteja sendo visto como um Cavaleiro Branco, e não como um Inclusificador.

É importante lembrar que todo Cavaleiro Branco precisa de uma donzela em apuros. Muitas mulheres com quem falei disseram gostar de ter a proteção de um Cavaleiro Branco e não só aceitam, mas incentivam, ser tratadas de forma diferente dos homens. É um comportamento que julgam respeitoso. Vale dizer que papéis sociais afetam tanto homens quanto mulheres. Por morar no Colorado, às vezes esqueço disso, mas em uma recente viagem para apresentar meu trabalho a um grupo de mulheres no Sul dos Estados Unidos, conversei com algumas delas sobre o tema liderança e pude constatar isso claramente.

Uma das conversas foi durante um almoço. Uma mulher, Savannah, narrou um episódio ocorrido durante uma viagem a trabalho ao Colorado. Savannah contou que, ao se aproximar de um grupo em uma mesa, ficou pasma ao ver que ninguém se levantou para recebê-la. Como ficou claro que ninguém puxaria a cadeira para que ela se sentasse, ela mesma o fez. E ficou ali, esperando que alguém viesse aproximar sua cadeira da mesa. "Não sabia o que fazer", disse ela. Retruquei: "Bom, você vai entrando, assim", disse eu, ensinando com minha própria cadeira. Naquele mesmo almoço, ela explicou que queria igualdade de gênero e defendia a equiparação salarial, mas ainda assim acreditava em certos valores básicos e esperava ser tratada como uma dama. Ou seja, se o Cavaleiro Branco quer colocar mulheres, pessoas não brancas, mulheres não brancas e LGBTQ em um pedestal e certas mulheres querem estar ali, qual seria o problema?

A loucura do Cavaleiro Branco

A loucura do Cavaleiro Branco não está em apoiar mulheres, pessoas não brancas, mulheres não brancas ou LGBTQ; todo Inclusificador que conheci também apoiava e defendia esses grupos minoritários. O problema é que a conduta do Cavaleiro Branco pode, involuntariamente, passar a mensagem de que esses indivíduos são incompetentes e, de quebra, alienar outros homens na organização.

Diretora de informação e experiência do cliente da operadora de fibra ótica e banda larga Zayo, Sandi Mays não é do tipo que aceita ser colocada em um pedestal, seja lá por quem for. Mas, ao longo da carreira, se viu, sim, na companhia de muitos Cavaleiros Brancos, sobretudo por ser uma das raras mulheres no setor de tecnologia. Como é uma das poucas latinas que conheci em Boulder, fui instantaneamente atraída para sua órbita quando dei uma palestra para a Zayo. Socializando no evento, não pude deixar de perceber aquela mulher que dominava o recinto.

Marquei um café com ela, para ver se uma das mulheres mais poderosas de Boulder tinha dicas para mim. Sentamos em um café em um shopping da cidade – eu com meu salto e a Mays com suas indefectíveis botas Ugg. Ela me deu ótimos conselhos sobre como navegar o labirinto de carreira, família e amigos. O que realmente me marcou foi ela ter, ao longo de toda a vida profissional, educadamente recusado a oferta de ajuda de um Cavaleiro Branco. Segundo me contou, bastou um pouquinho de mentoria da parte dela para que entendessem que ela não era uma gazela que precisava de ajuda. Era um leão. E deixou isso claro antes que a expectativa do salvador pudesse se voltar contra ela.

"A intenção deles sempre foi boa, isso estava claro para mim. Lembro de uma ocasião em que a equipe inteira estava trabalhando em um projeto que entraria noite adentro. Era um projeto importante. Eu sabia que queria estar lá, não só para contribuir para que desse certo, mas também porque estava claro que todo mundo que trabalhasse naquele projeto seria recompensado. Um pouco depois das 18 horas, quando estávamos todos pedindo comida, meu chefe lançou um 'Sandi, cadê seus filhos?'. Olhei ao redor, brincando, como se dissesse que não sabia onde estavam. 'Eles estão bem', acabei respondendo. 'Estão em casa, com meu marido'. Meu chefe emendou: 'Vai pra casa. Sei que você tem filhos, a gente não devia estar exigindo isso de você ou do seu marido agora. Não é função dele'. Fiquei pasma. E retruquei: 'É a função dele, sim. Meu marido não trabalha fora. Prefiro ficar e terminar o projeto'."

Como muitos Cavaleiros Brancos, o chefe de Mays estava tentando ser compreensivo e respeitar a importância do equilíbrio entre vida profissional e pessoal. Mas, ao supor que Mays devia ir para casa cuidar dos filhos, enquanto os pais que estavam ali não (ela era a única mulher), mostra um claro viés de gênero.

Mays também reparou que os demais homens na sala fizeram um ar de exasperação ao ouvir o discurso do chefe. "Meu chefe queria me ajudar a conciliar família e trabalho, mas, para os outros, aquilo significava apenas que teriam de ficar uma hora a mais no trabalho enquanto eu estava em casa, dormindo." Mays acabou ficando a noite toda, mas o fato de ter recebido a opção de ir embora foi desmotivador para o resto da equipe, que sentiu que o chefe não era imparcial. E, se ela não tivesse dito não, teria ficado de fora de um projeto muito importante. Quando age assim, o Cavaleiro Branco impede o sucesso de mulheres, pessoas não brancas, mulheres não brancas e LGBTQ e gera ressentimento entre homens brancos, que sentem estar sendo tratados de forma injusta.

Mas há outro custo invisível de proteger certos funcionários. No caso de Mays, a proteção do chefe poderia ter levado ela – e os demais à sua volta – a duvidar de sua competência, criando uma profecia autorrealizável. Na verdade, o comportamento protetor do Cavaleiro Branco faz com que essas expectativas se manifestem em uma profecia autorrealizável. Um estudo mostrou, por exemplo, que mulheres que interagem com Cavaleiros Brancos acabam se considerando menos competentes.[1]

O erro e o mito que movem o Cavaleiro Branco

O erro de passar a ideia de incompetência

O problema com a mentalidade do Cavaleiro Branco é que em geral ela é fruto de vieses inconscientes de gênero (ou raça) que levam o Cavaleiro Branco a proteger mulheres, pessoas não brancas, mulheres não brancas e LGBTQ. No caso das mulheres, isso normalmente se traduz em uma visão paternalista de querer cuidar delas como de uma filha. Muitos homens mais velhos com quem trabalhei me disseram que eu fazia com que lembrassem de suas filhas ou que eu tinha a mesma idade de suas filhas. Aliás, estudos mostram que o homem é mais solidário com a mulher no trabalho quando tem filhas, provavelmente devido a esse paternalismo. Mas quem vê uma mulher como filha não pode vê-la como colega.

Esse paternalismo, às vezes chamado de sexismo benevolente, é uma forma de estereótipo positivo de gênero e tem o insidioso efeito de produzir um viés pró-homem branco. Ouvir mensagens positivas sobre a mulher – coisas como "a mulher deve ser valorizada e protegida pelo homem", "a mulher deve ser colocada em um pedestal" e "a mulher tem uma sensibilidade moral superior" – leva as pessoas a acreditar que a mulher é e deve ser mais afetuosa e menos competente do que o homem.

Pense bem: se visse alguém sendo tratada de modo paternalista, você também não questionaria a competência dela? Se há alguém cuidando dessa pessoa, deve haver um motivo, e é natural supor que ela não possa cuidar de si própria. Estudos mostram que até quando a mulher aceita a ajuda de colegas de trabalho em coisas menores, como para resolver um problema no computador, ela é vista como menos competente e menos qualificada para ocupações que exigem alta competência. Curiosamente, homens que aceitam o mesmo tipo de ajuda não são vistos como incompetentes, pois sua competência já está implícita.[2]

Não queime meu filme

Pense em uma mulher do seu trabalho. Diga cinco adjetivos que a descrevem.

Agora pense em um colega homem. Você o descreveria com os mesmos adjetivos? Para a maioria das pessoas, pelo menos uma ou duas das características usadas para descrever uma colega mulher estão relacionadas a cordialidade. Vai ver que ela é gentil, solícita, colaboradora, agradável, de fácil convívio ou emocionalmente inteligente. Já se fosse descrever um homem, dificilmente você usaria essas palavras.

Em um de meus estudos, descobri que, em geral, líderes mulheres são consideradas mais sensíveis (atenciosas, capazes de ouvir, empáticas) do que líderes homens.[3] Pense no líder *homem* mais empático que você conhece. Meio difícil, né? Líderes homens tendem a ser descritos como fortes, dominantes, assertivos; características associadas à força ou à ação e que fazem o líder parecer mais competente do que sensível.

Mas não é só o líder; a mulher também tende a ser descrita como mais agregadora e menos atuante em cartas de recomendação. Em um estudo, assim como para líderes, o foco em traços agregadores tinha correlação negativa com a contratabilidade, tanto de mulheres como de homens. Esse efeito foi observado até com o controle de atributos objetivos de candidatos, como experiência ou sucesso.[4]

O que, então, um gerente pode fazer? Uma dica simples é tentar se concentrar na competência da mulher ao descrevê-la. Uma maneira de se policiar é repetir (ou reescrever) um comentário sobre uma mulher usando um nome de homem. Se você diz "é uma delícia trabalhar com a Stefanie", tente dizer "é uma delícia trabalhar com o Steven". Se a frase soar estranha, considere rever o conteúdo.

A baixa expectativa que o Cavaleiro Branco tem de mulheres, pessoas não brancas, mulheres não brancas e LGBTQ afeta não só o modo como outros veem esses grupos, mas pode influenciar a opinião dos membros do grupo sobre si mesmos. Basicamente, se não espera que uma pessoa seja muito capaz, você a trata de um jeito que transmite essa mensagem. Em contextos educacionais, já foi demonstrado que professores em geral esperam menos de alunos não brancos (sobretudo hispânicos e negros) e, portanto, os tratam como se fossem menos capazes. Esse comportamento reduz a autoconfiança do aluno, que acaba tendo um rendimento tão ruim quanto o esperado.[5]

AÇÃO INCLUSIFICADORA: **levantar a pessoa, não carregá-la.**

Quando a mulher recebe um tratamento paternalista – como ter sua capacidade de lidar sozinha com alguma situação questionada, receber de um homem uma explicação de algo que ela já sabe (atitude conhecida como *mansplaining*), lhe dizerem como fazer seu trabalho ou carregarem algo pesado para ela mesmo que a ajuda seja desnecessária –, sua autoestima e bem-estar psicológico caem e sua insegurança aumenta.[6]

Um executivo de marketing com quem conversei acertou na mosca quando disse: "Certos líderes homens são paternalistas na relação com subordinadas mulheres. Quando uma mulher chega com um problema ou desafio, o líder entra em ação e tenta resolver o problema em vez de ajudar a pessoa a raciocinar para tentar resolvê-lo por conta própria, como faria com um homem. Isso diz à mulher que ela é incapaz de fazê-lo". A lição para o Cavaleiro Branco que quer ser Inclusificador é: levante a pessoa em vez de carregá-la.

Você pode!
Trabalhei com um executivo, Richie, que era um defensor da diversidade de gênero. Durante uma apresentação à equipe executiva de liderança da empresa dele, falei um pouco sobre o Cavaleiro Branco. Quando terminei, Richie veio falar comigo e disse que, infelizmente, achava que era um Cavaleiro Branco. Ele contou que sempre sugeria alguma mulher para postos mais elevados, mas que nenhuma estava sendo promovida. Perguntei o que fazia ele pensar que era um Cavaleiro Branco. "É só porque as mulheres não estão sendo promovidas?", indaguei. Ele explicou: "Antes de ouvir sua palestra, não tinha percebido, mas acho que estou tratando as mulheres como seres frágeis. Quero, sim, proteger e ajudá-las, mas acho que estou mandando a mensagem errada para os chefes, que não as estão levando a sério".

Sugeri que Richie pivotasse se quisesse realmente ver as mulheres promovidas. Disse que parasse para refletir sobre experiências de trabalho cruciais que uma mulher precisaria ter para subir na carreira e, isso feito, traçar um plano e um cronograma para que pudessem se preparar para galgar o degrau seguinte. Por último, ele devia apresentar o plano aos "chefes", para que as mulheres estivessem no radar deles.

"Ninguém vai promover uma mulher só porque você quer; é preciso *mostrar* a eles o quão qualificadas elas são", expliquei.

Richie voltou a entrar em contato comigo meses depois da nossa reunião para me contar duas coisas. Uma, que as mulheres estavam adorando receber tarefas mais difíceis, pois aprendiam com isso e, dois, que receber essas missões mostrava que o chefe acreditava de verdade nelas, o que aumentava ainda mais sua confiança.

Qual é a lição disso tudo? Feche o foco na competência da mulher, e não em sua cordialidade. E, definitivamente, faça isso quando estiver falando sobre elas na frente de outras pessoas!

O mito de que quem tem mentor é "menos"

Estudos comprovam que, quando tem um homem como mentor, a mulher registra mais sucesso em termos de salário e promoções e se sente mais satisfeita com sua trajetória profissional.[7] Por outro lado, mentores homens podem passar a outros a impressão de que mulheres, pessoas não brancas, mulheres não brancas e LGBTQ precisam de um herói que venha resgatá-las. Com efeito, a palavra *mentor* tem origem na mitologia grega e se refere a um guia onisciente que protegia os fracos, e até hoje pensamos no mentor como uma figura protetora. Mas, ao trabalhar para inclusificar, o Cavaleiro Branco pode adotar uma visão mais moderna dessa orientação: a de uma relação de reciprocidade na qual mentor e mentorado aprendem um com o outro.

Via de mão dupla

Aprendi essa lição com o Inclusificador Gordon Trafton, vice-presidente sênior aposentado da Canadian National Railway. Trafton acredita que a relação com o mentor devia ser mais de mão dupla. Segundo ele, como mentores tiveram muita importância em boa parte de sua carreira, ele viu a necessidade de mais mentoria na faculdade onde estudou, a Leeds School of Business (na Universidade do Colorado em Boulder, onde trabalho). Trafton criou, então, um programa de mentoria na escola e atualmente serve de mentor para muitos alunos.

Trafton, naturalmente, tem muito conhecimento a compartilhar com os estudantes, mas o que realmente chama minha atenção é que ele sempre descreve essa relação de mentoria como "recíproca". Em outras palavras, ele diz que aprende tanto com os alunos – muitos dos quais são mulheres, pessoas não brancas, mulheres não brancas e LGBTQ – quanto os alunos com ele. "Tenho a possibilidade de ampliar minha perspectiva", explicou. "Sinceramente, nunca vou saber o que é ser uma mulher negra em uma faculdade de administração, mas entendo um pouco mais essa experiência do que antes, e isso me ajuda a ser um mentor melhor e uma pessoa melhor."

Curiosamente, Trafton não é o único que aborda a mentoria dessa maneira. Muitos dos Inclusificadores que entrevistei me disseram que o papel de mentor é gratificante não só pela sensação boa de estar ajudando o outro, mas também pelo prazer de aprender mais sobre a vida de pessoas tão diferentes deles. É algo que aumenta a empatia e a perspectiva, o que deixa a pessoa mais próxima de ser Inclusificadora. Como explicou Liz Wiseman no livro *Rookie Smarts: Why Learning Beats Knowing in the New Game of Work*, quem já tem experiência pode aprender muito com quem está apenas começando, pois o novato, por ainda estar em processo de formação, é muito mais aberto a maneiras novas e criativas de fazer as coisas.[8]

Jed e Ted

Um rapaz que foi meu aluno na Leeds me contou de uma relação recíproca de mentoria com um engenheiro de computação em seu trabalho. Jed, meu ex-aluno, é um artista. É criativo, extrovertido, cheio de energia. No trabalho, contudo, precisa interagir com engenheiros que convertem sua arte em imagens. Jed acabou estabelecendo uma relação de mentoria recíproca com um deles, Ted, que ele descreve como uma pessoa muito introvertida. "Estava tentando aprender mais sobre o lado técnico com esse rapaz, mas acabei aprendendo mais sobre mim mesmo. Sou do tipo que costuma dominar a conversa, mas com o Ted não posso fazer isso. Preciso fazer um esforço para controlar minha extroversão e ouvir o que ele diz. Por outro lado, acho que o convívio comigo o ensinou a se soltar um pouco e a entender um pouco mais o lado comercial. É uma verdadeira relação ganha-ganha."

> AÇÃO INCLUSIFICADORA: **provar a mentoria recíproca.**

O interessante dessa situação é que, se Jed tivesse abordado Ted e perguntado diretamente se podia ser seu mentor, Ted jamais teria aceitado. A timidez teria impedido. "Se eu tivesse ido até esse cara e dito 'Ei, posso ser seu mentor?', garanto que ele diria não. E, se alguém me tivesse dito 'Esse rapaz, um engenheiro, vai ser seu mentor', tenho certeza de que teria recusado. Mas, em vez disso, fui até ele e disse 'Olha, tem coisas que eu posso aprender com você e posso ter algumas outras a ensinar. Topa me ajudar?' E disso nasceu essa excelente relação."

Reciprocidade intencional

Vale dizer que essa mentoria recíproca não precisa surgir só de forma espontânea. Muitas empresas já entenderam os benefícios dela e criaram programas para promovê-la. Em 2018, a FedEx lançou um programa de mentoria recíproco no qual as mulheres de um grupo interno de apoio à inclusão tiveram como mentores altos executivos. O programa, de nove meses, juntou 15 mentores e 15 mentoradas. A organização para mulheres Catalyst[9] também trabalha com empresas para ajudar a conceber programas que promovam o desenvolvimento de mentoradas mais talentosas e mentores homens e criar melhores relações de gênero em empresas.

Esses programas resolvem um problema muito real na mentoria: relações de mentor-mentorado tendem a ser muito homogêneas. Calcula-se que 71% dos relacionamentos de mentoria envolvam mentores e mentorados da mesma raça e gênero e há evidências claras de que mulheres, pessoas não brancas e mulheres não brancas recebem menos orientação do que homens brancos, o que pode impedir seu sucesso profissional.[10] Mas, se a relação de mentoria fosse formulada em termos de benefícios mútuos, mais líderes poderiam mostrar interesse em orientar pessoas diferentes deles. Se a organização estruturar esse tipo de mentoria e os mentores puderem entrar nessa relação com humildade e vontade de aprender, os benefícios gerais podem ser astronômicos.

11

Estratégias de liderança para Cavaleiros Brancos

> "Dou muito do crédito pelo nosso diversificado conselho a Marge Magner, a presidente. Aprendi que, ao tentar encontrar soluções para o futuro, é preciso garantir que o futuro esteja na sala. É definir o problema e dar poder ao grupo para buscar soluções. Não sou o centro."
>
> *Dave Lougee, CEO, Tegna (Inclusificador)*

Estava fazendo um trabalho no setor ambiental quando li uma reportagem incrível sobre uma campanha para plantio de árvores em Detroit entre 2011 e 2014. Uma ONG local, a Greening of Detroit, perguntou a 7.500 pessoas – principalmente pessoas não brancas – se queriam uma árvore plantada na frente de sua casa. Cerca de 25% dos moradores disse não, deixando a grande dúvida: "Por quê?" Surpresas com os resultados, duas pesquisadoras, Christine E. Carmichael e Maureen H. McDonough, decidiram descobrir a razão. Para comçcar, foram falar com o pessoal da ONG. A tese dos voluntários era que os moradores dali não entendiam a função das árvores. Um deles disse: "Você está lidando com uma geração que não está acostumada a ter árvores, quem ainda lembra dos olmos é gente cada vez mais velha. Hoje, temos gerações inteiras que cresceram sem árvores na rua onde moram, que nem sabem o que estão perdendo".[1]

Essa percepção equivocada de que as pessoas "nem sabem o que estão perdendo" parece bastante disseminada no movimento conservacionista, que comumente caracteriza as pessoas como inimigas do planeta. Muitas campanhas de conservação, aliás, envolvem Cavaleiros Brancos intervindo para salvar minorias (e o meio ambiente) delas mesmas. O príncipe William, por exemplo, fez um vídeo sobre suas iniciativas de conservação na África em que aparecia apenas uma pessoa negra (uma criança). Isso indicou aos outros que o príncipe se via como um salvador que estava usurpando a voz do povo da região.

Salvadores são complexos

Contudo, como mostrou Clayton Christensen e colegas no livro *O paradoxo da prosperidade: como a inovação é capaz de tirar nações da pobreza*,[2] se quem luta pela conservação não se conectar com quem vive na comunidade para descobrir o que esses moradores realmente precisam e querem e envolver todos no processo, o risco de insucesso é grande.

Voltemos a Detroit. Carmichael e McDonough foram perguntar aos moradores por que eles não queriam árvores. Será mesmo que não viam valor nas árvores, como tinha presumido o pessoal da ONG? A resposta foi reveladora. Não é que não gostassem de árvores, é que a ONG tinha vindo plantá-las sem antes consultar os moradores. Na sua percepção, o pessoal da ONG – basicamente gente branca, de uma classe social favorecida – tinha uma visão paternalista dos moradores de baixa renda do bairro. Uma moradora disse: "Olha, estou grata por vocês estarem aqui hoje, pois isso mostra que alguém está ouvindo, que alguém está buscando saber o que realmente estamos pensando, o que estamos sentindo, e estou grata por isso".[3]

Os comentários dessa mulher foram parecidos aos de outras pessoas no estudo – indivíduos que se sentiram sem voz ao ver os ambientalistas chegando para dar às pessoas pobres aquilo que achavam que elas precisavam, sem sequer se dar ao trabalho de pedir sua opinião. É muito fácil ver os outros por meio de nossas próprias lentes e achar que sabemos o que eles querem e precisam sem nem antes perguntar.

Esse é o paradoxo enfrentado por muitos Cavaleiros Brancos. Sua intenção até pode ser boa. Mas, para realmente inclusificar, o melhor é garantir que todos estejam alinhados por meio de um processo que chamo de *Compartilhar a Távola Redonda*. Também é possível aumentar o espírito de equipe com o foco no empoderamento, o que significa *Usar o efeito Pigmalião*. Por último, é importante enfatizar a justiça e *Eliminar tarefas domésticas no trabalho*.

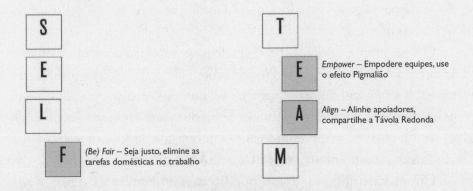

Compartilhe a Távola Redonda (alinhe)

Na lenda do Rei Artur, a Távola Redonda simboliza a igualdade entre os cavaleiros. Ao eliminar a possibilidade de que um cavaleiro, qualquer que fosse, sentasse à cabeceira da mesa, a disposição dos lugares impedia que alguém fosse visto como detentor de mais poder do que os outros. Lembrar essa imagem pode ajudar muito um Cavaleiro Branco. Segundo ela, todos, incluindo outros homens brancos, devem ter lugar e voz iguais. Ao compartilhar a Távola Redonda, Cavaleiros Brancos podem aumentar o alinhamento e fortalecer a equipe.

Segundo o Boston Consulting Group, quando homens se envolvem em programas de inclusão de gênero, 96% das organizações registram progresso, contra apenas 30% quando o homem não participa dessa iniciativa.[4] Logo, é crucial incentivar integrantes da maioria a envolver outros membros da maioria no diálogo sobre a diversidade.

O problema é que muitos homens brancos não acreditam que a falta de diversidade seja um problema. Nos Estados Unidos, por exemplo, brancos tendem a acreditar que o país já avançou muito mais rumo à igualdade racial do que negros.[5] A percepção de homens e mulheres sobre o avanço registrado em relações de gênero ao longo do tempo também difere. Um estudo recente com indivíduos de 18 a 32 anos de idade mostrou que 75% das mulheres acreditam que é preciso mais mudanças para alcançarmos a igualdade de gênero no trabalho, ao passo que apenas 57% dos homens acham o mesmo.[6]

O que, então, pode ou deve ser feito para convencer um homem branco a batalhar por mudanças? Pode ser difícil. Em minhas entrevistas com apoiadores homens – homens comprometidos com a promoção da mulher –, muitos me contaram ter perdido alguma oportunidade de gerar mudança por terem alienado outros homens. Alguns desses apoiadores eram Cavaleiros Brancos.

Um homem, Jim, contou o que fizera para denunciar o progresso nulo de sua empresa na questão da diversidade. Embora estivesse tentando convencer os colegas a promover mais diversidade e inclusão, só conseguira irritá-los. "Eu me postei diante de alguns diretores, mostrei uma série de dados e, basicamente, gritei com eles. Não gritei de verdade, mas metaforicamente: 'Podemos melhorar!' E o resultado... Quero dizer, a reação imediata na sala não importa, mas o resultado posterior foi que todos ficaram paralisados, pois eu estava atacando. Descobri que assim não dava certo." No final, terminaram ainda menos dispostos a apoiar a diversidade e a inclusão, pois ficaram bravos por terem sido desrespeitados por outro homem.

Em discussões sobre viés de raça e gênero, é comum uma pessoa chamar a outra de racista ou sexista. O problema é que, quando alguém se sente atacado ou intimidado, é ativada no cérebro a estrutura chamada amígdala, que indica à pessoa se é para fugir ou lutar.[7] Nessa hora, a parte do cérebro associada ao raciocínio lógico (o córtex pré-frontal) é desativada. A pessoa não consegue pensar direito. Até onde você acha que vai avançar em uma conversa se seu interlocutor se sentir atacado? Ou ele vai revidar, ainda que com um argumento infundado, ou vai dizer que não quer falar com você e abandonar a cena.

O benefício de falar de "homem para homem"

O fato é que, se uma mensagem partir de alguém parecido conosco, a probabilidade de que seja ouvida e aceita é muito maior do que se vier de alguém diferente de nós. O exemplo a seguir não tem a ver com diversidade, mas mostra o poder da comunicação entre as bases. Durante mais de uma década, trabalhei com duas entidades americanas – o Centro de Pesquisa e Treinamento em Construção (CPWR, na sigla em inglês) e o Instituto Nacional de Segurança e Saúde Ocupacional/Centros de Controle e Prevenção de Doenças (NIOSH/CDC, nas siglas em inglês) – para aumentar a segurança dos trabalhadores da construção civil. Para tanto, ajudei a criar um curso de segurança para lideranças que seria oferecido como matéria eletiva no curso de formação da Administração de Segurança e Saúde Ocupacional (OSHA, na sigla em inglês; o curso é chamado de OSHA-30 por ter 30 horas de duração).

Achávamos que a parte difícil seria convencer a OSHA a adotar o módulo, mas, ao atingir esse objetivo, em janeiro de 2017, vimos que o duro mesmo seria fazer as pessoas se inscreverem no curso. O que fizemos, então, foi tentar encontrar pessoas capazes de falar "de homem para homem". Apresentamos o projeto a influenciadores importantes.

Em seguida, esperamos que difundissem a ideia. Foi muito importante ter envolvido especialistas do setor em todas as etapas do desenvolvimento do curso: na definição do currículo, na criação de materiais e no teste da eficácia do programa. O fato de o treinamento ter sido aprovado por pessoas do setor ajudou a validá-lo. Só no primeiro ano, calcula-se que 25 mil alunos tenham feito o curso.

Isso também vale para a disseminação de uma ideia como a diversidade, algo que descobri com o ex-jogador de futebol americano Wade Davis quando nos conhecemos durante um evento do *The New York Times* em 2018, o New Rules Summit. Wade, que é negro, gay e feminista, trabalha na promoção de mulheres, mulheres não brancas, pessoas não brancas e da comunidade LGBTQ. "Os homens simplesmente não ouvem as mulheres. Deveríamos ouvir, mas não ouvimos. Mas outros homens, sim." Isso é importante, porque a maioria daqueles que estão denunciando o viés de gênero são mulheres. Se os homens não estão nos ouvindo, a mensagem não está chegando a eles, ainda que pudessem estar abertos a ela se pudessem escutá-la.

Fala mansa

Segundo Davis, outro benefício de um homem conversar com outros homens sobre diversidade é que estes podem se sentir menos ameaçados. Quando ouve uma mulher falar de assédio sexual, uma das reações instintivas do homem é se colocar na defensiva, é ir logo pensando "Não sou sexista, não sou um assediador". Com isso, o homem deixa de ouvir o problema e tentar resolvê-lo. A única coisa que quer é deixar bem claro que o problema não é ele. *Nem todo homem é assediador!*

O que um homem pode explicar, sem parecer que está confrontando ou acusando, é que, sim, nem todo homem assedia – *mas toda mulher sofre assédio sexual*. Em outras palavras, pode mudar a conversa para deixar claro que não se trata de acusar aquele indivíduo específico de ser uma pessoa má (ou, aliás, para deixar claro que a conversa nem é sobre aquele indivíduo), mas, sim, de aumentar a conscientização sobre o viés. Foi isso que revelou o movimento #YesAllWomen.[8] Se não sentir que está sendo acusado de ser parte do problema, o homem branco estará mais disposto a achar soluções.

Modelo de conduta

Além do benefício de falar de homem para homem, o homem capaz de defender a diversidade sem ofender os colegas pode ser um exemplo de comportamento. O psicólogo Albert Bandura mostrou repetidamente que a probabilidade de aprendermos é maior se o exemplo partir de alguém semelhante a nós.[9] O homem que apoia a diversidade está, portanto, inconscientemente ensinando a outros homens como se portar. Às vezes, isso é chamado de "prova social". Nesse fenômeno, a pessoa supõe que outras sabem como agir corretamente em uma determinada situação e, portanto, se comporta do mesmo jeito que elas, sobretudo se forem semelhantes a ela.

"O homem costuma olhar para outros homens para saber como se comportar, por isso precisamos que sejam um exemplo positivo uns para os outros", diz Karl Preissner, gerente global de diversidade e inclusão da Procter & Gamble. Com um treinamento da Catalyst, o MARC (sigla em inglês para Homens Defendendo Mudanças Reais), a empresa prepara homens para incentivar outros homens a apoiar mulheres. O resultado? A Procter & Gamble é uma das melhores empresas para executivas mulheres, com base na representatividade da mulher em cargos executivos, segundo a Associação Nacional de Executivas. E a grande dica da Procter & Gamble para um aliado homem converter outros à causa é simplesmente apostar na conversa com eles.

Um benefício final da conversa de homem para homem é que um homem pode ajudar o outro a refletir sobre o que significa ser homem, sobretudo homem branco. Como a maioria das mulheres, mulheres não brancas e pessoas não brancas, eu nunca tinha parado para pensar no que é ser um homem branco. Foi só quando conheci Michael Welp, um dos fundadores da White Men as Full Diversity Partners, é que considerei uma questão importante: "Como é que um homem vai entender o que é ser mulher se nunca sequer parou para pensar no que significa ser homem?". Welp explica: "Ser branco e ser homem significa não ter de pensar muito sobre o que é ser branco e homem. O mundo é feito para nós".

Em seu trabalho, uma mescla de consultoria de diversidade com autodescoberta, Welp pede a homens brancos que se perguntem coisas como:

- Quando ou como você pensou sobre o fato de ser branco?
- Qual foi a primeira vez que você interagiu com alguém que não era branco?
- Quais são as expectativas culturais de ser branco?
- Alguém já lhe disse que você não é homem o suficiente?
- O que você sente quando fica diante de uma situação em que "precisa ser homem"?

Welp acha que, ao confrontar sua própria identidade, o homem branco é mais capaz de entender a identidade dos outros. Além disso, Welp observa que um número desproporcional de mulheres, pessoas não brancas, mulheres não brancas e LGBTQ dedica seu tempo a promover a diversidade, o que por si só cria iniquidade. Ao se envolver, o homem alivia essa carga. Libera mulheres, pessoas não brancas e outros grupos marginalizados do trabalho exaustivo de orientar o homem branco para que este entenda seu mundo. Ao ter ciência do que é singularidade e do que é pertencimento, podemos transpor diferenças culturais e nos unir para criar fortes organizações globais.

Use o efeito Pigmalião (empodere)

Assim como ter expectativas baixas das pessoas pode reduzir seu desempenho, ter altas expectativas pode aumentar sua sensação de empoderamento. Um exemplo positivo de profecia autorrealizável é o chamado "efeito Pigmalião", termo cunhado pelo psicólogo Robert

Rosenthal para descrever o que ocorre quando professores esperam um bom desempenho de alunos.[10] Em vez de tentar salvar membros da equipe, sugiro a Cavaleiros Brancos que tratem de empoderar os membros da equipe usando o efeito Pigmalião.

Em seu clássico estudo, Rosenthal disse a professores que alguns de seus alunos (escolhidos aleatoriamente) eram especialmente dotados. E descobriu que, no longo prazo, os "dotados" acabaram tendo um rendimento melhor. Por quê? Porque, ao esperar isso deles, os professores lançavam perguntas mais difíceis àqueles alunos, faziam com que persistissem em tarefas complicadas e ofereciam mais ajuda.

Experimentos semelhantes na liderança militar produziram resultados parecidos: cadetes ou outros militares de quem se esperava um desempenho melhor do que o de outros realmente o exibiam, ainda que não tivessem mostrado capacidade ou inteligência adicionais.[11] A lição para líderes organizacionais é a mesma: em vez de esperar que mulheres, pessoas não brancas, mulheres não brancas e LGBTQ precisem de ajuda, parta do princípio de que são talentosas. Ao tratá-las assim, isso se tornará uma profecia autorrealizável.

Em geral, o efeito Pigmalião significa manipular suas expectativas para um grupo em detrimento de outro. Mas, em um estudo que fiz com alguns colegas, analisamos as chamadas ocorrências naturais do efeito Pigmalião.[12] Descobrimos que, quando um líder tinha expectativas mais elevadas de seus seguidores, o relacionamento com eles era mais positivo e o desempenho deles, melhor.

Inclusificadores criam esse *loop* de feedback positivo para todos os funcionários ao 1) refletir sobre o que cada um precisa fazer para avançar na organização e 2) dar a todos acesso às tarefas difíceis que farão com que cheguem lá. Um estudo mostrou que Cavaleiros Brancos que tentam ajudar, sempre com a melhor das intenções, acabam dando a mulheres (o estudo não incluiu minorias) tarefas mais fáceis. E, sem as tarefas difíceis que fazem a pessoa realmente aprender, o sucesso dessas mulheres acabava impedido.

Ser um Pigmalião significa, no fundo, deixar que cada um tenha sua própria voz e dar poder para que sejam responsáveis pelo próprio sucesso profissional.

Quando entrevistei Mary Barra, CEO da General Motors, ela contou como as altas expectativas dos chefes a ajudaram em seu sucesso. "Estou aqui hoje, no papel de CEO, porque mais de 20 anos atrás a liderança da empresa na qual eu trabalhava acreditou na diversidade e me passou tarefas desafiadoras, ambiciosas. E fizeram críticas construtivas para que eu melhorasse. Fui, muitas vezes, nomeada para um cargo novo para o qual não estava totalmente preparada. E havia quem questionasse essa escolha. Mas eu dizia: 'Não fui eu quem tomou essa decisão'. Meu chefe acreditava em mim, e isso me fez acreditar em mim mesma e trabalhar ainda mais para mostrar a todos que meu chefe tinha razão."

Elimine as "tarefas domésticas" (seja justo)

Uma providência que o Cavaleiro Branco pode tomar para impor mais justiça e melhorar o "eu" é eliminar o que chamo de "tarefas domésticas" no trabalho.

Curiosamente, apesar de querer promover mulheres, pessoas não brancas, mulheres não brancas ou outros, a maioria dos Cavaleiros Brancos com quem conversei não tinha pensado no fardo que tarefas domésticas no trabalho podem impor a esses grupos. Essas tarefas incluem todas as atividades que não geram receita e têm pouco risco – e pouca recompensa. São coisas que podem acabar consumindo uma quantia enorme de tempo, o que é problemático porque não fazem quem as realiza avançar.[13] E dá para adivinhar quem costuma ser encarregado dessas tarefas.

Exemplos de tarefas domésticas:

Tarefas de pais
- Organizar a sala após reuniões

- Planejar festas e outros eventos sociais
- Buscar ou pedir café/comida para reuniões

Tarefas de secretária
- Tomar notas em reuniões
- Buscar documentos durante reuniões
- Administrar logística e agendamento de reuniões
- Cuidar de papelada
- Gerenciar orçamentos
- Administrar documentos e dados[14]

Tarefas de serviço
- Substituir um colega
- Participar de um comitê de baixo escalão
- Supervisionar o trabalho de outra pessoa

Em um estudo com advogados conduzido pela American Bar Association, pesquisadores descobriram uma imensa disparidade no tipo de tarefas atribuídas a mulheres, pessoas não brancas, mulheres não brancas e LGBTQ em comparação com homens brancos.[15] Mulheres não brancas informaram fazer 20% mais tarefas administrativas do que homens brancos. Mulheres brancas tinham 18% mais probabilidade de fazer tarefas administrativas. Para piorar, mulheres, pessoas não brancas, mulheres não brancas e LGBTQ não recebem nenhum crédito por essas tarefas. Além disso, quando homens fazem alguma tarefa doméstica no trabalho, são avaliados 14% mais favoravelmente por fazê-lo do que uma mulher.[16]

Mulheres, pessoas não brancas, mulheres não brancas e LGBTQ podem dizer não ao trabalho doméstico no trabalho de várias maneiras. Isso significa, no entanto, ter de lidar com a possibilidade de represálias ou consequências negativas. Cavaleiros Brancos podem eliminar esse problema intervindo para garantir que tarefas domésticas no trabalho sejam igualmente distribuídas, assim como missões de alta visibilidade.

Uma executiva da área contábil que entrevistei disse: "As pessoas vão a uma reunião e alguém diz: 'E aí, alguém pode tomar notas?'. E, assim que pedem um voluntário, a tarefa tende a ir para um candidato diverso – essa é minha experiência. Porque essa pessoa está tentando ter impacto, [mas] nem percebe que esse ato por si só a coloca em uma posição [subserviente]. [Em vez disso,] um líder [deveria dizer]: 'Muito bem, vamos nos revezar. Agora é sua vez, da próxima será a vez dele e assim todos terão a sua vez'".

A regra é que, se uma atividade não contar para a promoção (ou seja, nunca será incluída como razão pela qual alguém deveria ser promovido), o líder deve garantir que seja distribuída igualmente entre os funcionários.

12

O Pastor

Seja transparente com seu rebanho

> "O chefe está promovendo a inclusão de outras culturas, mas o resultado é que me sinto menos incluído. Estão falando muito em espanhol, e não faço ideia do que estão dizendo. Fico chateado e me sinto excluído. Mas guardo para mim."
>
> *Líder de nível intermediário, distribuição global*

Pastor: origens

O Pastor é a versão mulher ou não branca do Cavaleiro Branco. É alguém que apoia mulheres, pessoas não brancas, mulheres não brancas e LGBTQ, mas, diferentemente do Cavaleiro Branco, nem sempre tem expectativas preconcebidas sobre aqueles que pretende ajudar. A loucura está no modo como é vista pelos outros, que basicamente acham que essa pessoa está dando tratamento especial a quem se parece com ela. Às vezes está, às vezes não. Seja como for, é a percepção que importa, pois, quando sentem que estão sendo discriminadas, as pessoas se revoltam, ficam desmotivadas e querem deixar a empresa.

Você já deve ter reparado no olhar torto de alguns membros da equipe se for uma líder forte – mulher ou pertencente a alguma minoria – que tenta apoiar outras mulheres, pessoas não brancas, mulheres não brancas e LGBTQ para promover a diversidade e a inclusão. Pode ser que suas decisões de promoção tenham sido questionadas ou que tenha havido alguma reação negativa por parte de homens brancos. Ou talvez você nunca tenha percebido nada disso, mas tenha a estranha suspeita de que não é tão eficaz no trabalho quanto poderia ser. E, agora que acabou de ler isso, você começa a se perguntar se seria esse o motivo. Se for assim, é hora de descobrir se os outros veem você como um Pastor.

Querer apoiar outras mulheres, pessoas não brancas, mulheres não brancas e LGBTQ não é diferente de um homem branco querer contratar outros indivíduos pelo "mérito" (ver o Gerente Meritocrático) ou porque têm "encaixe cultural" (ver o Paladino da Cultura). A única diferença é a escala: o fato de algumas poucas mulheres em uma empresa apoiarem outras poucas mulheres não vai criar uma imensa desigualdade, pois há pouquíssimas mulheres (e menos ainda minorias) no topo das organizações.

Pastoras mulheres e pessoas não brancas que viraram Inclusificadoras sabem como atingir o delicado equilíbrio entre defender indivíduos como elas mesmas e não parecer que estão dando a eles um tratamento especial. Sei o que você está pensando: "Nossa, valeu, Stefanie! Liderar na corda bamba deve ser uma delícia". Mas muita gente faz isso muito bem – e você também pode.

A loucura do Pastor

Tive dificuldade para identificar Pastores, pois não era fácil determinar o que estavam fazendo de errado. Quando conheci o líder latino mencionado na declaração de abertura deste capítulo, ele me pareceu um Inclusificador. Só fui entender que era um Pastor quando falei com homens brancos que trabalhavam com ele, que relataram se sentir deixados de lado. A falha de um Pastor geralmente está em não se empenhar o suficiente para administrar a impressão dos outros (embora haja, sim, Pastores realmente predispostos contra homens brancos).

Vi o duplo padrão se voltar contra um Pastor na Black Corporate Directors Conference em Laguna Beach, Califórnia, em 2017. Um dos palestrantes, Taylor, contou de uma ocasião na qual ele e sua equipe foram tentar convencer uma companhia de capital de risco a investir em sua empresa. Todos os membros da equipe de Taylor presentes na reunião eram negros, assim como ele, o que levou um representante da potencial investidora a afirmar que aquilo não era profissional. Taylor apontou que o time inteiro da companhia da capital de risco era branco. Por que um time só de negros parecia errado, mas um só de brancos, não?

Alguns dos estudos que realizei mostraram que há um viés negativo em relação a mulheres, pessoas não brancas, mulheres não brancas e LGBTQ que apoiam outros indivíduos com as mesmas características. Com efeito, em experimentos e estudos de campo, descobrimos que mulheres, pessoas não brancas, mulheres não brancas e LGBTQ que prezavam pela diversidade eram vistos como *menos* competentes e capazes do que quem não prezava e menos capazes do que líderes homens brancos – independentemente de darem ou não valor à diversidade.[1]

Lembro de quando uma ex-CEO do Sam's Club, a afro-americana Rosalind Brewer, disse que queria ter mais diversidade à mesa da empresa. A executiva foi criticada na imprensa e chamada de racista porque queria apoiar outros afro-americanos; lojas do Sam's Club em todos os Estados Unidos foram boicotadas. Tal reação pode ser injusta e infundada. Seja como for, limita a capacidade dos Pastores de inclusificar. Um Pastor precisa ter o cuidado de dar a todos os seus liderados o mesmo apoio que dá às mulheres ou pessoas não brancas. Um Pastor pode achar que o homem branco não precisa de apoio, pois possui um poder intrínseco, e há Pastores que admitem abertamente uma predisposição contra certos grupos. Mas a verdade é que todos precisamos de apoio, e um Inclusificador apoia a todos.

É justo culpar os Pastores pelo fato de que a percepção que alguns têm deles é negativa? Obviamente, a resposta é não. Mas, convenhamos, a ideia não é culpar um líder por sua loucura, mas trabalhar para superar essa falha e produzir líderes e locais de trabalho melhores. O problema pode não ser culpa do Pastor, mas o resultado é que ele ou ela não está tirando o máximo da equipe. Por sorte, não é muito difícil adotar certos comportamentos que ajudarão um Pastor a virar um Inclusificador. É verdade que alguns pastores realmente dão, consciente ou inconscientemente, tratamento preferencial e vantagens injustas a outras mulheres, pessoas não brancas, mulheres não brancas e LGBTQ – assim como há líderes homens, brancos que, consciente ou inconscientemente, dão vantagens injustas a outros homens brancos. Você pode, ou não, ser uma delas ou um deles. Não importa. O caminho da inclusificação é o mesmo.

O erro e o mito que movem o Pastor

O erro de odiar homens

Imagine que o novo CEO que você contratou entre na sua sala e diga que quer acabar com essa história de sensibilidade na empresa. Não quer saber de papinho de mulher ou de feminilidade inócua ali dentro. Quer que todo mundo "seja homem" e pare com essa coisa de colaboração e trabalho em equipe. Soa absurdo, não? Mas foi essa a mensagem que muitos homens com quem falei ouviram durante um treinamento em diversidade no Google, que produziu um infeliz manifesto na empresa.

O departamento de RH da gigante da internet tinha soltado um documento interno com orientações para que gerentes da empresa fossem "inclusivos". Segundo uma ação movida contra a empresa, entre os conselhos estava não recompensar funcionários por traços "valorizados pela cultura branca/masculina dominante nos Estados Unidos", incluindo conquistas individuais e meritocracia.

VALORIZADOS PELA CULTURA BRANCA/MASCULINA DOMINANTE NOS EUA	COMUMENTE INVISIBILIZADOS OU DESVALORIZADOS PELA CULTURA BRANCA/MASCULINA DOMINANTE NOS EUA
Na ponta da mesa, persuasivo	Ouvir, dar espaço para muitas vozes
Argumentar, ganhar	Identificar muitos caminhos viáveis
Cada/Ou	Ambos/E
Perfeccionismo	Tudo é um trabalho em andamento
Urgência	Sustentabilidade
Movido a números	Movido a narrativas (citações, qualitativo)
Crescimento em número, tamanho	Crescimento em qualidade
Proteger os outros de	Valorizar a autodeterminação
Retorno de curto prazo	Benefícios de longo prazo
Evitar conflito	Conflito é produtivo/necessário
Dar feedback de forma indireta (sobre você, mas não para você)	Dar feedback de forma direta (para você)
Conquista individual	Conquista coletiva
Nos ver como únicos/excepcionais	Procurar conexões entre os contextos
Nós somos objetivos	Tudo é subjetivo
Casual, informal, improvisado	Formal, preparado, pensado
Meritocracia	Responsabilizar os sistemas por resultados equitativos
Não ver raça/cor	Notar raça/cor e qualquer padrão racial no tratamento

Na sequência, o documento explicava "como gerentes do Google podem dar feedback a 'mulheres e pessoas não brancas', em comparação a dar feedback para homens e caucasianos". Ainda segundo a ação, a tabela mostrada anteriormente foi entregue aos funcionários.[2]

Revoltado com as mudanças, um engenheiro, James Damore, redigiu um documento no qual argumentava que os homens estavam sendo tratados injustamente devido às novas políticas de inclusão e sugeria que mulheres não são boas engenheiras. Damore foi despedido e processou a empresa por demissão sem justa causa, alegando que fora discriminado por ser branco, homem e conservador.

É fácil dizer que Damore estava chorando à toa. Para que fique tudo às claras, devo informar que escrevi um artigo para a *Harvard Business Review* refutando toda a falsa "ciência" que ele usou para explicar por que mulheres são incapazes de ser engenheiras.[3]

Mas a questão é a seguinte: homens brancos representam uma grande parcela da força de trabalho. Chegar de repente e dizer que tudo o que fazem está errado vai afastar um grupo muito grande de funcionários – pessoas que podem até não acreditar em meritocracia, mas quando você vai e diz a eles que a cultura do "homem branco" não deve ser premiada, a resposta provável vai ser revolta. É possível atingir o mesmo objetivo – premiar as pessoas por resultados coletivos – sem acusar o sucesso individual de ser resultado de favoritismo ou masculinidade tóxica.

Não adianta se irritar

Nesse momento, posso adivinhar o que alguns de vocês estão pensando.

"Ai, que triste. Os homens ficaram ofendidos porque queremos um ambiente de trabalho justo."

"Literalmente apalparam minha bunda no trabalho, mas devo pensar no lado do homem?"

"Quer dizer, então, que o branco tem tanto privilégio que eu não posso nem dizer que ele tem privilégio para não magoá-lo?"

"As mulheres vêm lidando com isso há anos. Agora é a vez de os homens se sentirem mal. Azar o deles."

Entendo de onde vem esse sentimento: de uma vida inteira sofrendo racismo ou sexismo ou levando sempre a pior. Entretanto, ainda que todas aquelas que apoiam o #YesAllWomen tenham sofrido assédio e maus-tratos (e minorias ainda mais), sabemos que nem todo homem os pratica.

Se nossa meta final for criar um ambiente de trabalho mais justo e eficaz, precisamos perguntar a nós mesmas o seguinte: punir o homem cria um ambiente de trabalho mais justo? Punir o homem cria um local de trabalho mais eficaz? Minha resposta é não. Não é justo tratar alguém como um lixo, não importa quem seja. E, de maneira geral, não adianta nada. Já ouvi de homens que realmente apoiam mulheres como é horrível ser malhado em público. E o que os homens fazem nessa situação? Simplesmente param de ouvir e ficam se mordendo por dentro.

> AÇÃO INCLUSIFICADORA: **pensar nos dois lados – não no que é certo e errado.**

Dizer aos outros que o modo como veem o mundo está errado não vai convencer ninguém a ouvi-lo. A sensação na hora pode ser boa, mas isso não vai ajudar você a liderar o melhor time. Em vez disso, tente chegar a um acordo, ouvindo mais e falando menos. Se você ouve o ponto de vista dos outros, a disposição deles a ouvir o seu é muito maior. Contudo, quando há uma discussão sobre raça ou gênero, a sensação em geral é a de "Você *não está me ouvindo!*".

Queremos que o outro ouça o que temos a dizer primeiro porque achamos que, se ele puder entender nosso ponto de vista, certamente vai concordar com ele. Mas, se estiver no comando de suas próprias emoções e chegar a um ponto da conversa no qual a outra pessoa pareça não estar mais ouvindo, tente fazer perguntas a ela em vez de obrigá-la a ouvir, para poder realmente entender o que essa pessoa está sentindo *antes* de tentar dar sua perspectiva da situação.

Uma conversa difícil

Quando se encontrar em uma situação dessas, pise no freio antes que a raiva suba à cabeça e diga:

"Não sei se estou entendendo, podemos voltar um pouco?" ou
"A gente claramente não está de acordo. Vamos começar de novo."

Na sequência, faça algumas perguntas:

"Qual a sua opinião?"
"Como você vê a situação?"
"O que você acha que eu não estou entendendo?"
"O que você gostaria que acontecesse?"
"Eu entendo que você se sinta assim. E por que acha que isso acontece?"
"Posso fazer alguma coisa para mostrar que não é isso?"
"Fale mais sobre..."

O importante é estar aberto à possibilidade de que haja outra história e de que sua perspectiva não seja a única.

Isso não significa que, como líder, você não possa querer que a equipe se comporte de um jeito específico, mas não é preciso antagonizar as pessoas para obter os resultados desejados. Diga à equipe, por exemplo, que você prefere que os integrantes se revezem na hora de falar porque você quer ouvir todo mundo, e não porque a masculinidade tóxica na sala faz com que as mulheres não sejam ouvidas.

Em vez de se concentrar em uma ideia – "queremos acabar com a masculinidade tóxica" –, concentre-se no comportamento. Que comportamentos queremos incluir ou eliminar da nossa cultura? Qualquer um pode mudar o comportamento, sem, para isso, precisar ser constrangido.

O mito da discriminação reversa

Embora não acredite no ódio ao homem, é importante que Pastores entendam o medo disseminado que o homem branco tem da discriminação reversa. Uma pesquisa da Ernst & Young com mil trabalhadores nos Estados Unidos mostrou que um terço dos entrevistados achava que o foco na diversidade em empresas tinha levado candidatos do sexo masculino a serem preteridos,[4] embora não haja dados que corroborem essa impressão.[5] Também achavam que o homem branco é excluído de programas de diversidade e até de programas de mentoria e capacitação.

Um homem que entrevistei disse que tinha sido preterido para muitos postos executivos, que teriam ido para mulheres. Ele achava que ao menos 50% dos executivos de sua empresa eram mulheres. Na verdade, a parcela era ligeiramente inferior a 20%, mas saber o número exato não o fez mudar de ideia. Ele disse: "O chefe está sendo 'inclusivo'. O que isso significa em termos de oportunidades? Você vê pessoas que foram promovidas, e são pessoas qualificadas, mas sempre fica a pergunta. A mulher que conseguiu o posto que eu queria também era mais do que qualificada, mas ainda assim bate a dúvida, foi isso [a diversidade] que contribuiu?".

Por que isso ocorre? O efeito *backfire* mostra que, quando alguém recebe evidências que contrariam suas crenças, em vez de mudar de ideia, essa pessoa se aferra ainda mais à própria opinião. Passa a crer ainda mais naquilo que foi "refutado", e não lida com a dissonância cognitiva de admitir que está errada.[6] Dissonância cognitiva é a sensação incômoda que o indivíduo tem quando suas crenças e seu comportamento (ou duas crenças distintas) estão em conflito.

Um estudo mostrou isso claramente. Em dois experimentos separados, pesquisadores descobriram que cientistas homens davam nota pior do que cientistas mulheres no quesito qualidade a estudos que provavam a existência de viés de gênero. Os pesquisadores fizeram então um terceiro experimento, no qual alteraram os resultados de um estudo sobre viés de gênero para mostrar que ele não existia. Metade dos participantes do experimento recebeu o artigo mostrando viés de gênero e a outra metade recebeu o artigo alterado. Por incrível que pareça, cientistas homens deram nota maior ao estudo cujo resultado não mostrava viés de gênero do que àquele que mostrava.[7]

> AÇÃO INCLUSIFICADORA: **preparar-se para percepção.**

A função de um Inclusificador é, portanto, estar atento a essa possibilidade e agir para evitar o temor de discriminação reversa, pois, quando sente que está sendo tratado de forma injusta, o trabalhador perde o controle. Um estudo que adoro é aquele em que um cientista dá a macacos-prego um pedaço de pepino por pressionar uma alavanca. Os macacos cumpriam a tarefa felizes da vida até que um deles ganhou uma uva em vez do pepino. O outro macaco, uma fêmea, apertou a alavanca e ganhou outro pedaço de pepino. Parecia chocada (seja lá o que isso signifique para um macaco). Acionou de novo a alavanca e voltou a estender a mão. Nada de uva. Estava claramente contrariada – e ficou mais ainda quando o outro macaco voltou a ganhar uma uva. Em vídeos no YouTube, é visível a revolta nos olhos do animal, que parecia pensar: "Não é justo! Fiz o mesmo trabalho e ganhei menos!".[8]

Um estudo com 1.918 pessoas constatou que trabalhadores que sentiam um viés contra eles tinham quase três vezes mais probabilidade de se desconectar do trabalho, duas vezes mais de sentir revolta e metade da probabilidade de sentir orgulho da organização. E, mais importante, a probabilidade de que quisessem deixar o emprego no prazo de um ano era três vezes maior. O custo total da perda de um funcionário de alto valor varia de 90% a 200% do salário anual desse trabalhador.

Mas o mais interessante, a meu ver, foi quem achou que tinha sido discriminado: pessoas com deficiências eram os que mais sentiam o viés, seguidas de minorias étnicas, homens, mulheres e brancos. Homens diziam ter sentido mais preconceito do que mulheres! Até a diferença entre brancos e minorias étnicas era inferior a 2%. E entre aqueles com a maior tendência a sentir discriminação era maior também a probabilidade de que estivessem procurando outro emprego.[9]

O medo do tratamento desigual pode ter impacto negativo no modo como homens brancos tratam mulheres, pessoas não brancas, mulheres não brancas e LGBTQ. Um estudo feito logo após a eleição presidencial americana de 2016 mostrou que, entre aqueles que se identificavam fortemente como brancos, saber que até 2042 haverá mais não brancos do que brancos nos Estados Unidos aumentou a probabilidade de que votassem em Donald Trump.[10]

Outro estudo, com mais de mil altos executivos de empresas americanas de médio e grande porte, descobriu que, quando uma mulher ou uma pessoas de uma minoria assumia o cargo de CEO, o senso de identificação de gerentes do sexo masculino e brancos com a organização diminuía, bem como sua disposição para ajudar os colegas; e essa resistência a ajudar era particularmente forte quando os colegas eram de minorias.[11]

Para Pastores, o que isso significa? Que é crucial tentar cortar pela raiz o medo da discriminação reversa.

13

Estratégias de liderança para Pastores

> "Acho que diferenças são importantes, por isso tento trabalhar de perto com os homens da equipe para tirar partido de distintos processos de raciocínio, experiências e perspectivas que homens e mulheres trazem. Tento encarar isso da perspectiva de abundância, não da escassez. Meu sucesso se deve a uma parceria compartilhada de liderança com os homens e as mulheres com quem trabalhei."
>
> *Eileen McDonnell, CEO, Penn Mutual (Inclusificadora)*

Quando foi contratada pela agência de publicidade JWT London para o posto de diretora de criação, Jo Wallace ficou horrorizada com a disparidade salarial entre homens e mulheres na organização. Wallace traçou um plano para "obliterar" a reputação da agência de reduto de homens brancos heterossexuais. Em uma revista do setor de marketing, *The Drum*, mandou uma mensagem anti-homem muito forte. Escreveu: "Se for reclamar que como homem branco e privilegiado você hoje está em desvantagem... por favor, vá checar seus privilégios #CheckYourPrivilege".[1]

Pouco depois, a agência teve de fazer cortes e cinco homens brancos foram demitidos. Revoltados com o que encararam como discriminação reversa, os homens entraram na justiça.[2] Naturalmente, a empresa alegou que as demissões eram totalmente ligadas ao desempenho. Mas Wallace pode ter dado um tiro no pé ao adotar uma postura tão anti-homens pálidos e velhos (em suas palavras) antes de despedir esses funcionários. Depois disso, a agência se uniu à Wunderman, onde Wallace continua a trabalhar. Como a Wunderman é um lugar muito mais diverso do que a JWT London, a fusão talvez ajude a segunda a alcançar a diversidade que tanto buscava.

Mas a dúvida permanece: daria para Wallace ter abordado a situação de outro modo, mais eficaz? O que ela buscava, claramente, era apoiar as mulheres – mas para levantar a mulher não é preciso derrubar o homem. Ao tentar criar uma cultura de inclusão, você não pode atacar o sexo oposto. Imagine se o alvo dos comentários dela tivessem sido mulheres ou pessoas não brancas!

Assim como Wallace, líderes mulheres e pessoas não brancas precisam entender que seu comportamento será vigiado bem de perto. Agora, se justiça for seu objetivo, cabe a você fazer um autoexame para ver se tem alguma tendência do Pastor. Neste capítulo, mostrarei algumas estratégias para levar um Pastor ao nível seguinte de liderança.

O Pastor precisa garantir que não esteja alienando uma grande parte dos integrantes da equipe (tanto faz se são homens brancos, mulheres ou certos grupos minoritários) e, na verdade, pode ter resultados melhores na campanha por diversidade e inclusão se envolver homens brancos (e todos os demais). Muitos dos grupos com os quais trabalhei nos últimos dois anos, incluindo a Iniciativa de Liderança Billie Jean King, concentraram boa parte de seu esforço de inclusificação em converter homens brancos em apoiadores da causa. Envolver homens brancos tem dois propósitos. O primeiro é deixar claro que a campanha para aumentar a diversidade não visa jogar homens brancos para escanteio. O segundo é que, sem a contribuição do homem branco para a questão, perde-se em diversidade de ideias. Uma das primeiras providências a tomar para que o homem branco se sinta um membro estimado da equipe e incluí-lo na conversa é fazer um esforço autêntico para ouvir suas ideias e opiniões. Apesar dos benefícios óbvios de contar com a participação dos homens, só 38% das empresas afirmam que homens estão envolvidos em iniciativas de diversidade e inclusão.[3] Segundo um estudo em larga escala, quase 70% dos homens brancos não sabem se os outros querem que eles participem. Logo, faça esse gesto de paz e traga esse grupo para a causa.[4]

Para tanto, é preciso continuar apoiando mulheres, pessoas não brancas, mulheres não brancas e LGBTQ através da amplificação. Ao mesmo tempo, é importante ajustar a lente para garantir que esteja sendo transparente com os membros da equipe. Por último, ainda que esteja conseguindo garantir que mulheres, pessoas não brancas, mulheres não brancas e LGBTQ se sintam incluídos, é preciso usar seus dotes de empatia para ouvir homens brancos com uma ferramenta que chamo de *Ouvir o balido* (ver abaixo) – o que basicamente significa ouvir a perspectiva do homem sobre diversidade e inclusão.

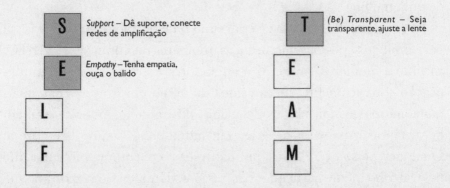

Conecte redes de amplificação (dê suporte)

A primeira lição, *Conectar redes de amplificação*, ajuda o Pastor a seguir apoiando mulheres, pessoas não brancas, mulheres não brancas e LGBTQ, só que, em vez de fazer isso sozinho, faz na companhia de outros, para que todos se apoiem mutuamente. Jamais sugeriria que uma Pastora parasse de apoiar outras mulheres, pessoas não brancas, mulheres não brancas e LGBTQ. Mas, em vez de ser uma defensora solitária, sugiro que mostre aos membros da equipe como se dá esse apoio, para que o esforço possa ser amplificado. Como sugere Ann Friedman com sua Teoria do Brilho, invejar outras mulheres, pessoas não brancas ou mulheres não brancas (ela fala da inveja que Kelly Rowland admitiu ter de Beyoncé) não é bom para ninguém.[5] Isso é coisa da década passada; na de 2020, o que vemos são mulheres, pessoas não brancas e mulheres não brancas apoiando e amplificando umas às outras.

A ideia da amplificação vem de uma estratégia adotada no governo Barack Obama por altas funcionárias da Casa Branca, como Cecilia Muñoz, Anita Dunn, Susan Rice e Valerie Jarrett. Como notaram que os homens costumavam dominar as reuniões, as mulheres começaram a apoiar abertamente outras colegas, para ajudá-las a brilhar nesses encontros. Para isso, usavam o contato visual, ecoavam comentários positivos de outras mulheres e faziam questão de citar a fonte original se algum homem na sala recebesse (ou aceitasse) crédito pelas ideias de uma mulher.

O que a amplificação faz é criar uma rede de apoio audível e visível para mulheres, pessoas não brancas, mulheres não brancas e LGBTQ. Incentivo mulheres, minorias e apoiadores a criar sessões de amplificação – basicamente, mecanismos de apoio em grupo – nas quais funcionários possam trocar ideias fora do trabalho, embora também devam buscar maneiras de se apoiar mutuamente dentro da empresa. Qualquer pessoa que sinta que não está recebendo apoio suficiente no trabalho pode participar das sessões. Uma pessoa expressa sua preocupação (coisas como "Não consigo falar uma palavra em reuniões" ou "O chefe nunca me escuta"), e as demais se dispõem a ajudar. Parece algo irrelevante, mas interromper uma reunião para dizer "Acho que ninguém está me ouvindo" conota certa debilidade. Já quando um colega intervém e diz "Quero ouvir a opinião do Andreas sobre esse assunto", não há nada de fraqueza aí. E não se esqueça dos homens brancos apoiadores.

Indivíduos de sucesso com quem falei ao longo dos anos me disseram que "a reunião antes da reunião" é um dos segredos do sucesso. Pessoas influentes circulam pelos corredores quando estão tentando angariar votos para uma ideia ou conseguir apoio para uma iniciativa. Elas sentem o grupo para saber de quem terão apoio. Tentam convencer os outros individualmente de sua posição, para que a discussão não saia dos trilhos durante a reunião.

Uma sessão de amplificação é, simplesmente, uma reunião antes da reunião. Serve para lembrar todos de se apoiar mutuamente – estando de acordo, claro – e deixa o campo mais nivelado para aqueles que normalmente não dominam a conversa.

E como um Pastor pode começar a fazer sessões de amplificação? Uma boa maneira para reunir pessoas em uma rede de amplificação são os chamados "grupos de recursos para funcionários". Agora, se você não tem um grupo desses ou quer criar uma rede de amplificação mais diversificada, sugiro organizar um almoço e discutir a ideia enquanto comem. Pela minha experiência, as pessoas adoram isso.

Ajuste a lente (seja transparente)

Outra coisa que o Pastor precisa fazer é *Ajustar a lente*. Ainda que a tese da discriminação reversa seja basicamente infundada, mulheres, pessoas não brancas, mulheres não brancas e LGBTQ que se apoiam mutuamente devem ter o cuidado especial de combater essa percepção equivocada. Resumindo, a lição aqui é ser agressivo na transparência para aumentar a coesão da equipe.

Ainda que estivessem fazendo tudo como manda o figurino, os Pastores com quem falei não viam a necessidade de trabalhar a imagem que passam para os outros. Mas, como estão sob intenso escrutínio, é preciso garantir que essa imagem seja positiva.

É uma lição que aprendi lá atrás, no trabalho com o conselho de administração de uma empresa. Fui chamada para falar sobre diversidade na reunião trimestral do conselho. Enquanto eu falava, era questionada sem parar por um homem mais velho, muito conservador, da área de finanças. Ele me interrompia – e até gritava comigo. Vou chamá-lo de Jimmy. A certa altura, ele disse que não confiava nos meus dados, pois eu claramente tinha um "interesse" naquilo. Fiquei passada. Tinha visto aquilo antes, quando o radialista conservador Rush Limbaugh questionou uma reportagem na *Fortune* sobre mulheres e economia porque a autora, Suzanne Kapner, era uma "jornalistinha". Mas nunca tivera, eu mesma, de lidar com aquilo.

Não sabia bem como argumentar com alguém que simplesmente não acreditava em mim. Mas tentei: "Bom, esses dados não são todos meus. São da McKinsey, do Instituto Pew, da Morgan Stanley". Ele não se convenceu: "Não acredito nisso", retrucou. "Estamos falando de dinheiro aqui." Como se aquilo fosse, por si só, um argumento.

Concluída minha apresentação, fui jantar, ainda meio abalada pela experiência. Tinha mesmo sido tão pouco convincente? Sei que há gente que não crê na mudança climática e até quem não acredite que a Terra é redonda, apesar das gigantescas evidências. Suponho, então, que deve haver gente que não crê nos dados sobre diversidade. Fui tomar um último drinque no bar no 32º andar do hotel para tentar entender o que acabara de acontecer. Minha conclusão foi que, sabendo que até fatos podem ser questionados, é preciso achar um jeito de comunicar a informação que você tem aos céticos, e não àqueles que você crê que vão aceitar seu ponto de vista. Isso significa explorar os dois lados de cada argumento, apresentar o argumento contrafactual, dizer quais são as fontes dos dados e explicar em detalhes como esses dados foram colhidos. E ainda assim vai ter gente que se recusará a acreditar em você.

Qual a alternativa?

Ajustar a lente é, basicamente, 1) estar ciente de situações nas quais os outros podem questioná-lo, 2) ser transparente em relação a seus processos e 3) dividir abertamente os dados que o ajudaram a chegar a sua solução.

Vi como esse simples ajuste de lente pode ajudar quando fui indicada para o conselho da minha principal associação profissional, a Sociedade de Psicologia Industrial e Organizacional (SIOP, na sigla em inglês). Uma das minhas mentoras, Mikki Hebl – grande defensora de mulheres –, foi quem me indicou. Para evitar qualquer sugestão de que estivesse sendo uma Pastora, Hebl fez o dever de casa. Foi checar o histórico de publicações, citações e bolsas recebidas pelos escolhidos nos últimos anos. Explicou de forma muito transparente como tinha chegado aos números, para que qualquer um pudesse verificar a informação por conta própria. Isso feito, apresentou os dados em tabelas na carta de indicação.

Com toda essa informação reunida, o claro destaque foi para meu histórico, não para minha patrocinadora mulher. Mulheres líderes e líderes não brancos precisam tomar essas medidas adicionais de transparência para não serem questionados por outros. Isso não só produz o efeito de calar os céticos, mas ajuda quem está recebendo o apoio a se sentir mais confiante. Foi assim para mim, pelo menos. Ver minhas realizações claramente apresentadas me fez sentir como se eu realmente merecesse estar lá.

Comece você a narrativa

Basicamente, é preciso se antecipar a uma narrativa antes de lançar outra. Vi isso em primeira mão quando desenvolvemos o plano de anonimizar o processo de seleção no Hubble. Partimos com uma sondagem da comunidade de astronomia para saber o que pensavam. E fomos fortemente criticados. Meu e-mail favorito dizia mais ou menos o seguinte: "Prezados senhores, não apoio as mudanças que vocês propõem. O contribuinte americano gasta muito para bancar o Telescópio Espacial Hubble. Acredito que espera, e merece, que as instalações produzam a melhor ciência possível".

Naturalmente, certas pessoas não queriam que um sistema do qual tinham se beneficiado por tanto tempo mudasse. "Isso mexe com toda a hierarquia – e com aquilo a que as pessoas estão acostumadas", explicou um membro do painel de avaliação. Outros viam as mudanças como discriminação reversa. "Eu e muitos dos meus colegas achamos que o Hubble está avançando rumo a 'resultados garantidos' e 'cotas'", disse um participante da sondagem. "A ideia de que rendimento científico e participação em organizações acadêmicas devem corresponder exatamente à proporção na sociedade é simplista."

Era evidente que o pessoal estava assustado, o que tornava ainda mais importante que o Hubble fosse muito transparente em processos e investisse pesado na comunicação estratégica.

Ouça o balido (tenha empatia)

Já que a grande falha do Pastor é não fazer com que todos os membros da equipe se sintam parte do rebanho, é muito importante que essa pessoa tente *Ouvir o balido* – o som que a ovelha produz para chamar a atenção dos outros – e pratique uma empatia consciente para garantir que esteja ouvindo a perspectiva de todos. Ouvir o balido requer do Pastor uma empatia adicional por aqueles de fora do seu grupo (homens brancos, mulheres ou certas minorias étnicas), a quem deve ser explicado que você, Pastor, quer realmente saber quais são os anseios deles ou se há algum problema que você possa resolver.

Como mulher ou pessoa não branca, é fácil imaginar que todo homem branco atravessa a vida em um tapete mágico de privilégios. Mas essa não é a história toda. Em uma palestra TED em 2009 ("O perigo de uma única história"), Chimamanda Adichie, uma jovem autora nigeriana, falou sobre as narrativas que criamos para certos grupos.

Disse ela: "A história única cria estereótipos, e o problema não é que estereótipos sejam falsos, mas incompletos. Fazem com que uma história vire a única história".[6]

Uso essa palestra em minhas aulas para saber que histórias únicas meus alunos criaram, para si ou para outros. Na minha disciplina Women in Business, fiquei impressionada quando uma mulher disse: "Acho que é fácil para a mulher criar a história única de que tudo é fácil para os homens, quando na verdade eles podem até ter certo privilégio por serem homens e brancos, mas também podem enfrentar adversidades que a gente não considera".

O comentário dela calou fundo em mim porque, em muitas conversas sobre raça e gênero, ouço as pessoas juntando todo homem branco em uma única categoria ("homens brancos fazem x" ou "homens brancos acham y"). Juntamos todos os homens brancos em uma única história, em um estereótipo, mas queremos que eles reconheçam que as mulheres não são todas iguais: há as que querem ficar em casa cuidando da prole, as que querem chefiar o país, as que querem fazer ambas as coisas. E as minorias não são todas iguais: alguns asiáticos-americanos podem ser reservados, ao passo que outros podem ser completamente diferentes desse estereótipo.

Isso me fez pensar sobre a importância de ter empatia pelo homem branco e de ouvi-lo da mesma maneira que queremos ser ouvidos. Isso é muito importante. Para liderar bem é preciso congregar todos. Ainda que certas práticas não sejam voltadas a excluir ninguém, se certas pessoas se sentirem excluídas, sua equipe não será inclusificada. Sei que nem todos têm a mesma opinião que eu sobre isso (ver, por exemplo, o livro de George Yancy *Look, a White!: Philosophical Essays on Whiteness*[7]). No trabalho, em um papel de liderança, a menos que trabalhe em um lugar em que todos se parecem exatamente a você, é preciso empatia para criar a melhor equipe.

Uma mulher chamada Dee me contou como tinha encontrado empatia pelos colegas de trabalho homens. Dee trabalhava em um setor muito masculino, o de petróleo e gás, e era uma das poucas líderes mulheres no escalão de vice-presidentes. Era comum se sentir atropelada pelos homens no trabalho e, volta e meia, se sentia estereotipada por ser asiática-americana. "Minha equipe tinha homens e mulheres, e, sinceramente, eu achava muito mais fácil liderar as mulheres. A impressão é que elas me ouviam mais, ao passo que os homens faziam o que bem entendiam."

Para piorar as coisas, Dee tinha acabado de passar por um duro divórcio e estava se sentindo bem decepcionada com os homens: "Juntando divórcio, Donald Trump e #MeToo, sinceramente comecei a achar que não havia nada pior que os homens". Quando uma funcionária lhe deu o livro *Como sair com homens quando você odeia homens*,[8] Dee correu a ler. Essa liderada tinha amado o livro, e as duas falavam sobre o assunto no trabalho – na frente de colegas homens – o tempo todo. Dee passou o livro a outra subordinada e combinaram, todas, um happy hour para conversar sobre aquilo.

Dias depois, em um domingo, Dee saiu para jantar com o irmão, Jim, que foi logo desabafando sobre os problemas no trabalho. Pelo jeito, um grupo de mulheres na empresa dele tinha formado um clube do livro e estavam lendo *Why Women Should Rule the World*.[9] Na visão de Jim, o tema do livro era a superioridade da mulher, e ouvir as colegas no escritório falando daquilo o deixava encabulado.

Dee olhou para o irmão querido. Sentiu o rosto corar de vergonha ao perceber que estava fazendo exatamente o mesmo com os homens em seu trabalho, só que com outro livro. Sugeriu ao irmão que fosse falar com o superior (outro homem) sobre aquilo. Jim respondeu que o chefe jamais abriria a boca, por medo de que elas fossem ao RH acusá-lo de sexista. "Ele me disse: 'Os homens não têm permissão para confrontar as mulheres'." Voltarei a esse problema mais adiante.

No dia seguinte, já na empresa, Dee relatou o episódio às colegas de leitura e sugeriu que parassem de falar de namoro e de ódio aos homens ali no trabalho e que criassem um clube do livro mais aberto a outros gêneros se quisessem mantê-lo vivo. Em seguida, traçou um plano para falar com cada um dos homens da equipe. "Sinceramente, não sabia o que dizer a eles: 'E aí, mil desculpas por ter falado mal dos homens de modo geral, era brincadeirinha'?"

Em vez disso, resolveu ser positiva e tentar ouvir. Dee avisou os subordinados que iria fazer reuniões individuais. Foi falar com cada um para saber como ele ou ela achava que as coisas estavam caminhando no trabalho e quais eram suas metas. Depois, pediu um feedback a todos: quis saber o que a pessoa queria que continuasse exatamente igual ali dentro, o que queria que houvesse mais e o que gostaria que houvesse menos.

Os comentários e ideias que ouviu dos homens foram ótimos, e conhecer mais pessoalmente cada um a ajudou a ver que jamais poderia liderar bem se estivesse engajando apenas as mulheres e deixando que os homens "ficassem na deles". Ela era a líder de todos. De acordo com Dee, essas pequenas conversas fizeram brotar uma série de ideias para melhorar o ambiente, fortalecer equipes e mostrar mais empatia pelos homens à sua volta.

Mas é preciso ir um passo além. Já que muitos homens podem hesitar em denunciar um viés de gênero (como disse o chefe de Jim), o Pastor talvez tenha de fazer ainda mais. No caso de Dee, ela incentivou os homens a conversarem entre eles e a procurá-la, enquanto grupo, se sentissem que algo era injusto. Com isso, explicou ela, ninguém seria individualmente responsabilizado por apontar problemas. E Dee preferia enfrentar uma turba enfurecida a perder pessoas valiosas que se julgavam injustiçadas mas não achavam seguro expor o problema. Na realidade, ninguém nunca a procurou, mas a mensagem serviu, sim, para mostrar aos homens que ela falava sério quando dizia querer ouvir o ponto de vista deles.

14

O Otimista

Positividade sem ação não produz resultados

"Seja você mesmo – é preciso deixar que cada um seja o que é. E a cultura é importante aqui. A diversidade permeia nossa cultura. Não é preciso fazer muito mais, pois isso já existe."

Executivo, cadeia de suprimento global

Otimista: origens

O Otimista foi o achado mais interessante nos meus estudos sobre liderança. Ouvi muitos líderes discorrerem sobre tudo de maravilhoso que estavam fazendo para criar pertencimento e suas iniciativas para destacar a singularidade. Usavam frases como "Quero que todos sejam seu melhor eu", "Quero que tragam todo o seu eu para o trabalho" e "Faço coisas para entrosar a equipe. Fizemos uma festa no Diwali*".

---

* Diwali é uma festa religiosa hindu, também chamada de "Festival das Luzes". [N. E.]

Esses executivos pareciam achar que não havia mais nada a fazer. Mas, quando entrevistei gente das respectivas equipes, ouvi outra história: "Não sei bem se ele se importa com diversidade e inclusão. Quer dizer, ele nunca fala diretamente sobre isso" e "Não sei se ele quer mesmo ouvir pontos de vista diferentes. Nossa equipe é diversa, mas, se pudesse, acho que ele teria só clones dele mesmo".

Se você liga para singularidade e pertencimento, e, como defensor da diversidade, sente otimismo e acha que isso vai acontecer naturalmente ao longo do tempo, é possível que seja um Otimista. O otimismo é um excelente atributo e marca de muitos empreendedores e empresários de sucesso. O Otimista enxerga o melhor das pessoas e normalmente espera que coisas boas aconteçam. E, quando vemos estatísticas mostrando que as mulheres estão superando os homens no ensino universitário, que as mulheres representam 51% da força de trabalho atualmente e que não haverá maioria racial em 2050, é fácil acreditar que culturas inclusivas surgirão naturalmente.

Inúmeras vezes, no entanto, vi que as empresas onde realmente houve mudanças foram aquelas que trabalharam intencionalmente para isso. Marjorie "Marge" Magner já integrou um bom número de conselhos de administração, incluindo os da Tegna, Accenture e Ally Financial – todos conselhos festejados por ter diversidade de gênero. Enquanto o conselho médio tem entre zero e duas mulheres, o da Ally tem três e o da Accenture e da Tegna, quatro (embora Magner já não esteja no conselho da Tegna). Isso tudo para dizer que Magner sabe o que é preciso para mudar o *status quo* quando o assunto é diversidade no conselho.

Ela me deu a seguinte explicação: "Não é por acaso que um conselho tem uma boa diversidade: diversidade de gênero, de raça, de geografia de um ponto de vista global, de opinião. Não é por acaso. Houve um trabalho para chegar a isso. O conselho não desperta um dia, olha à volta e diz: 'Puxa, vejam só! Que maravilha que isso tenha acontecido'. Dá trabalho e é preciso empenho. E aquele que consegue é porque assumiu um compromisso – e colhe os benefícios". Em vez de simplesmente otimismo, a mudança requer ação.

Em muitos casos, os Otimistas com quem falei queriam fazer mudanças mas não sabiam como começar. Em outros, estavam acomodados demais com o *status quo* para querer mudar radicalmente o próprio comportamento. Em time que está ganhando...

Como as pessoas se acomodam quando acham que tudo vai bem, o problema do Otimista é que ele não tem a intenção e a motivação para iniciar uma mudança real – a menos que algo o leve a agir.

Para Tim Ryan, presidente da PwC nos Estados Unidos, a conversão de Otimista em Inclusificador começou com a morte de dois rapazes negros em episódios sem ligação entre si em duas cidades distintas em dois dias consecutivos. Até então, Ryan acreditava em diversidade. Tinha até feito algum trabalho nesse sentido no posto anterior, de vice-presidente. Mas, nos dias 5 e 6 de julho de 2016, em Baton Rouge e Falcon Heights, Alton Sterling e Philando Castile foram mortos a tiros por policiais brancos. Ryan se emocionou ao me contar a história. "Percebi ali que algo tinha de ser feito."

Fazia só quatro dias que estava na presidência da PwC. No final daquele mês, Ryan convocou uma reunião com outros líderes da firma e, juntos, lançaram a ideia da Ação CEO para Diversidade & Inclusão, coalizão que hoje reúne mais de 800 líderes que trabalham para inclusificar suas respectivas organizações. Assim como muitos dos outros líderes que identifiquei como Inclusificadores, Ryan é de origem relativamente humilde. Foi o primeiro da família a entrar na universidade e entende as dificuldades que as pessoas enfrentam na vida. E quer criar paridade por meio da inclusificação. Isso significa correr o risco de se apresentar publicamente como defensor e promotor da diversidade e da inclusão – ainda que isso gere certos questionamentos e incomode alguns.

A sensação de ser um Otimista é boa, pois a pessoa pode apoiar a singularidade e o pertencimento sem afastar nenhum grupo. Também é fácil ser um Otimista, pois não é preciso fazer muito esforço para mudar as coisas; o Otimista repousa no conforto da complacência. Em outras palavras, simplesmente preserva o *status quo*, que é a situação confortável. A preferência por fazer o mesmo de sempre porque é mais fácil do que promover mudanças é chamada de "viés do *status quo*". Da última vez que contratou alguém, pense como foi. Por que você agiu assim? Foi porque você sempre fez as coisas assim?

A loucura do Otimista

De modo quase universal, acreditamos que a maneira como fizemos algo no passado é uma boa justificativa para seguir agindo da mesma maneira no futuro. O Otimista não é diferente. É só que, em vez de não querer mudar as coisas por simplesmente não acreditar na mudança, ele não quer mudar porque parte, ingenuamente, do princípio de que o suficiente já foi feito e que as coisas melhorarão naturalmente por si só.

Como escreveu Voltaire em *Cândido*, otimismo "é a mania de afirmar que tudo vai bem quando tudo vai mal".

É o amor ao *status quo* – achar que a inclusão é um estado natural do ser e que, se simplesmente preservar o *status quo*, a inclusão virá naturalmente – que impede o Otimista de virar um Inclusificador. Um CEO com quem trabalhei e que tinha um conselho bastante diversificado me garantiu que a inclusão na organização tinha ocorrido naturalmente "no decorrer dos últimos 15 ou 20 anos". É preciso ir aos poucos, prega o Otimista. Leva décadas para mudar realmente as coisas.

Só alguém que não é diretamente afetado pela discriminação poderia se contentar em esperar tanto para se sentir incluído e bem-vindo. Se você e sua equipe querem esperar 170 anos para ter igualdade (é o que o Fórum Econômico Mundial calcula que levará para haver paridade de gênero; de raça, é mais ainda), basta relaxarem e seguirem otimistas. Já se quiserem ver mudanças enquanto vivos, será preciso começar a agir.

Rob, um funcionário de uma empresa de serviços, observou que a diferença entre um Otimista e um Inclusificador é "bem simples. Está, basicamente, em falar sobre o problema. Em conversar com a equipe sobre a importância da diversidade e da inclusão. Se for incapaz de travar essa conversa para ajudar a equipe a entender a importância da diversidade e não buscar um modo de incorporá-la à sua estratégia, não há como inseri-la no 'tecido' da equipe. Já quando o líder fala sobre isso, a equipe entende a importância e se sente mais empoderada para agir".

Esse argumento acerta no alvo: fale sobre singularidade e pertencimento e incorpore-os ao tecido da cultura. A loucura do Otimista está em pensar que manter o *status quo* vai mudar o futuro. Manter as coisas como estão é sempre mais fácil do que fazer mudanças. No livro *Previsivelmente irracional: as forças invisíveis que nos levam a tomar decisões erradas*, o psicólogo e economista comportamental Dan Ariely mostra quão forte pode ser o efeito do *status quo* ao estudar a doação de órgãos em países europeus.

Em certos países da Europa, a doação de órgãos é a regra. Em outros, a exceção. A diferença entre esses países, explica Ariely, é que as pessoas devem optar pela doação de órgãos (marcar um X indicando que querem doar) ou pela não doação (marcar um X indicando que não querem doar) ao se cadastrar no sistema de trânsito.

Ariely descobriu que a maneira como as alternativas são apresentadas faz muita diferença – cerca de 83% de diferença.

Nos países em que doar é a norma – quem não quer doar precisa assinalar a opção no formulário –, cerca de 98% das pessoas doam órgãos. Já em países em que não doar é a norma, somente 15% das pessoas doam. Ariely sustenta que a maneira como a pergunta é formulada condiciona a decisão. Se acreditar que a doação de órgãos é a norma, a pessoa vai assumir que é o certo a fazer, que não há riscos, e vai doar. Já se assumir que não é a norma, é menos provável que opte por doar.[1]

O problema é que essa mesma inclinação a aceitar a norma vale para mudanças nas organizações no que diz respeito a singularidade e pertencimento. Seguir a norma é muito mais fácil do que fazer mudanças drásticas ou ter de assumir uma posição.

Ao discutir com uma empresa um possível projeto de consultoria sobre as práticas de diversidade da organização, uma das minhas primeiras perguntas foi qual a postura do CEO sobre a diversidade (a meu ver, o CEO é o responsável pela diversidade, mesmo havendo um diretor de diversidade formal). O time de recursos humanos com quem me reuni disse que ele dava muita importância à questão, embora não estivesse pessoalmente envolvido. Perguntei o que ele tinha feito em resposta à recente violência contra estudantes não brancos em universidades. Era a notícia do momento. Segundo o time, nada. Na opinião dele, notícias como aquela não eram relevantes para a empresa. Note que estamos falando de uma empresa do setor financeiro. Eles disseram que, se houvesse um colapso econômico na China, soltariam um comunicado de imprensa, mas não para algo assim. E perguntaram o que, na minha opinião, ele deveria fazer. Disse que achava que ele deveria soltar um comunicado dizendo como a empresa lamenta pelas vítimas, pelas famílias e pela comunidade afetada por aquela tragédia. Na opinião deles, isso não combinava com a empresa. "Não vai acontecer", disseram.

Plano B, então. Sugeri que soltassem um comunicado interno, reconhecendo que certos funcionários poderiam estar sendo afetados pelos acontecimentos e lembrando que a organização contava com sistemas de apoio em casos assim. A equipe do RH disse que ele tampouco faria isso. A seu ver, poderia parecer uma manobra política e soar mal aos ouvidos de potenciais investidores ou clientes.

E se houvesse um ataque terrorista ou um assassinato em massa em alguma escola? Ele soltaria um comunicado? Nesse caso, sim, disseram. Mas não no caso de violência contra estudantes não brancos? A meu ver, isso também é terrorismo, e não muito distinto da matança em escolas. Disse que um comunicado vindo dele mostraria aos funcionários não brancos da empresa que eles também são importantes

– são enxergados – e que a liderança entende que o efeito de episódios como aqueles sobre eles pode ser diferente do impacto sentido por um branco. Seguiram dizendo não. Então eu disse que não podia trabalhar com o CEO deles. Já em casa, me ligaram para dizer que eu "não tinha sido escolhida" e que tinham optado por "seguir outra direção".

O erro e o mito que movem o Otimista

O erro de confundir igualdade com equidade

Como mãe de duas crianças de idades parecidas (6 e 7), ouço a palavra *justo* o tempo todo. Na maioria das vezes, a visão de "justo" deles é receber exatamente a mesma coisa. Minha filha quer ganhar a mesma coisa que meu filho, e vice-versa. Mas nunca faz sentido dar aos dois a mesma coisa. São pessoas diferentes, com idades, preferências e necessidades diferentes; portanto, como a maioria dos pais, dou a cada um o que ele ou ela precisa.

No entanto, como disse Aristóteles mais de dois mil anos atrás, justiça significa "tratar igualmente os iguais e desigualmente os desiguais". Isso significa que dois indivíduos, se iguais, devem ser tratados da mesma forma, mas, se distintos de um modo relevante para o contexto específico, devem ser tratados de forma equitativa. "Não é tratando todos de forma igual que chegaremos à equidade", diz Paula Dressel, do Instituto Race Matters. E completa: "Só chegaremos lá tratando todos com justiça, de acordo com suas circunstâncias". Eis uma série de questões a ponderar:

- Se uma mulher com deficiência auditiva recebe um fone de ouvido especial para poder ouvir clientes ao telefone, todos os demais devem receber um fone como o dela?
- Se um homem com problema de coluna recebe uma cinta lombar para fazer trabalhos pesados, todos os demais devem também receber uma cinta?

- Se um menino diabético precisa sair da sala todo dia para receber uma injeção de insulina, todas as outras crianças devem poder sair da sala?

É claro que não. Isso tudo soa absurdo porque a Lei dos Americanos com Deficiência diz que a organização deve fazer ajustes dentro de limites razoáveis para que profissionais com deficiência qualificados possam exercer uma determinada função. Igualdade é dar a todos a mesma coisa; equidade é dar às pessoas o que elas precisam para vencer na vida.

> AÇÃO INCLUSIFICADORA: **preferir equidade à igualdade.**

Um indivíduo viciado em nicotina, por exemplo, deveria ter uma pausa remunerada para fumar? A maioria das organizações dá intervalos para fumantes (cerca de 15 minutos cada) várias vezes ao dia, embora a lei não obrigue. E por que o fazem? Porque sabem que o dependente de nicotina vai render mais no trabalho se aplacar o vício. E, sim, em geral, esse intervalo é remunerado.[2] Ou seja, como sociedade, decidimos que o fumante deve ter pausas remuneradas do trabalho para fumar – uma média de 80 minutos por dia em alguns setores.[3]

Imagine, no entanto, se pais pedissem uma pausa remunerada para buscar os filhos na escola. Sair, digamos, uma hora antes um dia por semana (algo parecido ao tempo que um fumante típico fica sem trabalhar em um dia) ou duas horas antes três vezes por semana (algo comparável à estimativa para quem fuma muito). Todo mundo reclamaria, pois "não é justo".

- Se os pais não tiverem com quem deixar os filhos um dia, deveriam ter o direito a sair do trabalho uma hora antes, um dia por semana, sem redução de salário?

- Se uma lactante quiser tirar o leite no trabalho, devia ter o direito a pausas remuneradas para a extração?*
- Se a religião de uma pessoa exigir orações várias vezes ao dia, ela deveria ter o direito a pausas remuneradas do trabalho para poder rezar?

Embora a organização deva permitir que a lactante faça intervalos para a extração do leite, essas pausas não precisam ser remuneradas.[4] A verdadeira liderança é dar às pessoas aquilo que elas desejam e precisam para ajudá-las – e a organização toda – a vencer.

O mito de que o trabalho acaba quando a diversidade é atingida

Muitas empresas têm uma força de trabalho diversificada, mas não colhem todos os benefícios disso por falta de inclusão. Um terço das empresas ouvidas em uma sondagem global declarou não estar preparada para criar inclusão; apenas 19% disseram estar totalmente prontas para isso.[5] Na realidade, a inclusão (ou a inclusificação) é a parte difícil – mas também necessária para que se tire o máximo proveito da diversidade.[6] A Deloitte mostrou que equipes com os maiores índices de inclusão exibem um desempenho oito vezes melhor do que o das demais e que quem mais exerce influência na inclusão são os líderes.[7]

A Deloitte descobriu, ainda, que as pessoas se sentem mais engajadas, empoderadas e livres para ser elas mesmas quando a organização é inclusiva.[8] E que organizações são mais inovadoras quando inclusivas. Apenas 10% dos entrevistados consideravam sua empresa inovadora quando a cultura não era inclusiva; em culturas inclusivas, 74% das pessoas acreditavam que sua organização incentivava a inovação.

---

* Nos EUA, as lactantes não têm direito a uma pausa remunerada para amamentar, diferentemente do Brasil, onde isso é lei. [N. E.]

Como resultado, equipes com maiores níveis de inclusão têm melhor desempenho do que times menos inclusivos.[9]

Foi-se o tempo em que a diversidade era *tolerada*. Como mostrou a vice-presidente de estratégia de inclusão da Netflix, Vernã Myers, diversidade não basta. Aliás, minhas ideias sobre a questão foram muito influenciadas por ela. Anos atrás, falei em uma cúpula anual sobre diversidade organizada por Myers para profissionais da área de direito (antes que ela fosse VP da Netflix). Ela perguntou que hora eu queria falar. "Qualquer hora, desde que não seja logo depois de você", respondi. Se assistir à palestra TED dela, "How to Overcome Our Biases? Walk Boldly Toward Them", você verá que o estilo de Myers é uma confluência de carisma e emoção. Digamos que falar depois dela não seria tarefa fácil.

Na conferência, uma pessoa da plateia perguntou o que fazer com um líder que está tentando ser mais tolerante, mas que ainda não chegou lá. Ela respondeu: "Para começar, deixemos de lado a ideia de tolerância. Não quero ser *tolerada*. A gente tolera algo que incomoda. Quero ser acolhida". A tese de Myers é que não queremos meramente ser aceitos *apesar* de quem somos, queremos ser aceitos *porque* somos quem somos, e é assim que o Inclusificador apoia a diversidade. E é por isso que diversidade, por si só, simplesmente não basta.

Como, então, garantir que a diversidade seja acompanhada de inclusão? Larry Kramer, presidente da Fundação William e Flora Hewlett, resumiu para mim. Ele contou que, quando assumiu a presidência, tomou três decisões: "Primeiro, em vez de perder tempo tentando colocar cada questão em uma caixa conceitual distinta como 'diversidade', 'equidade' ou 'inclusão', como se essas categorias fossem distintas e devessem ser delineadas e caracterizadas separadamente, encaramos todas como palavras destinadas a capturar facetas diferentes de uma série interligada de temas que podem afetar toda e qualquer coisa que fazemos. Segundo, não vou criar um departamento de diversidade. Isso é parte da cultura e da estratégia. E, terceiro, somos todos responsáveis; cada um de nós tem de entender o que podemos fazer".

> AÇÃO INCLUSIFICADORA: **trabalhar pela inclusão.**

Uma coisa que gostei na conversa com Kramer foi a forma ampla como ele via a inclusão. Se transformar a inclusão em responsabilidade de todos, ela precisa ser relevante para todo mundo. Kramer disse: "Quando falamos de diversidade e inclusão, estamos falando de toda a gama de atitudes, perspectivas e percepções que são importantes para aqueles que trabalham conosco – venham de fontes familiares de identidade pessoal, como raça, gênero ou religião; de fontes menos comuns, que são específicas de nossa instituição, como um lugar na hierarquia da fundação; ou de fontes idiossincráticas e de natureza individual".

Em vez de simplesmente dizer "Não deixe o homem falar mais alto que a mulher", tente incentivar as pessoas a se comunicar com respeito.

Uma das brechas de inclusão considerada na Fundação Hewlett foi a de pessoas em níveis distintos da hierarquia. Isso fez da diversidade e da inclusão responsabilidade de todos, e todos eram recompensados. As "Práticas ilustrativas" da fundação incluem o seguinte:

- Na hora de contratar, selecionar indivíduos de um amplo universo de candidatos qualificados com formação e experiências distintas.
- Dar atenção à diversidade ao montar comitês de seleção.
- Buscar candidatos fora de redes tradicionais e familiares para montar uma equipe e um conselho diversificados.
- Incluir perguntas sobre inclusão de vozes e perspectivas variadas nas diretrizes do código de conduta, para desenvolvimento e implementação de estratégias.
- Apoiar iniciativas setoriais para aumentar diversidade, equidade e inclusão.
- Distribuir bolsas de eficácia organizacional para ajudar beneficiários com iniciativas próprias para aumentar diversidade, equidade e inclusão em suas respectivas organizações.

- Incentivar conversas internas nas quais diferentes pontos de vista possam ser expostos.
- Oferecer treinamento em competência cultural e em como sustentar conversas difíceis a todo o pessoal.
- Colher dados sobre diversidade dos beneficiários de bolsas e adotar medidas para combater o papel dos vieses implícitos e estruturais na seleção de beneficiários.
- Garantir que foi considerado o papel de diversidade, equidade e inclusão no desenvolvimento de estratégias de distribuição de bolsas.[10]

Ou seja, o trabalho não termina quando se alcança a diversidade. Diversidade requer inclusão. Imagine o seguinte: segundo estudo da Deloitte, se pudesse elevar em apenas 10% o número de trabalhadores que se sentem incluídos, a frequência ao trabalho aumentaria um dia ao ano por funcionário.[11] Mas meramente declarar que sua empresa é inclusiva não basta; ainda segundo a Deloitte, mais de 80% das empresas se dizem altamente inclusivas, mas somente 11% realmente o são.[12]

Na maioria das vezes, o problema é que a organização defende valores inclusivos somente da boca para fora. Não está disposta a fazer a faxina estrutural necessária para realmente gerar mudanças, pois teme ameaçar a maioria – ou porque é muito difícil ou porque simplesmente não sabe que formato essas mudanças deveriam assumir.

15

Estratégias de liderança para Otimistas

> "Sempre fui comprometido com a diversidade. Quando cheguei à Medtronic, já havia [diversidade], mas não no nível que estou promovendo. Agora é um pouco mais visível. A diferença que fiz talvez tenha sido levá-la ao escalão da presidência e aumentar a responsabilidade em torno disso. Somos uma cultura boa, uma cultura de apoio, e queremos garantir que também sejamos uma cultura inclusiva."
>
> *Omar Ishrak, CEO, Medtronic (Inclusificador)*

A maioria dos Inclusificadores que entrevistei me contou que em algum momento da carreira tinha sido Otimista. Eles sabiam a importância do pertencimento para o sucesso de uma organização. Estavam, inclusive, cientes da importância de aproveitar a singularidade de cada um para melhorar a tomada de decisões e o engajamento. O que não tinham, no entanto, era a intencionalidade de tirar isso do papel.

O arquétipo do Otimista ficou particularmente claro para mim quando conheci a CEO da Fundação Wikimedia, Katherine Maher, que me contou como foi sua trajetória de Otimista a Inclusificadora. Maher e eu estávamos dando palestras em um congresso em Yale e fiquei tão fascinada pelo modo como ela descreveu sua transformação em Inclusificadora que voltei a procurá-la para uma entrevista.

"Eu não era dessas pessoas que sabem tudo sobre diversidade e inclusão", confessou. "Não é que não acreditasse que diversidade era importante, mas tinha uma visão limitada. Era do tipo que dizia 'Não enxergo cor'. Até poucos anos, eu diria que 'é só questão de tempo para que cheguemos lá'. Mas, quanto mais passei a estudar o assunto, mais concluí que 'não, não vamos'."

Assim como para Benioff na Salesforce, um momento crucial para Maher foi constatar a considerável disparidade salarial entre homens e mulheres na Wikipedia. A partir dali, sua curiosidade de saber mais sobre diversidade e inclusão ficou insaciável. Como resultado dessa busca, ela começou a enxergar iniquidades entre os funcionários da Wikipedia e até na comunidade da Wikipedia de modo mais geral.

Foi quando ela concluiu que a sociedade não vai mudar só com otimismo. Suas palavras foram claras e eloquentes: "O fato é que pensar que o 'com o tempo tudo vai se ajeitar' não vai funcionar se toda geração e todo líder que vier em seguida disser que 'com o tempo tudo vai se ajeitar'. As coisas só vão começar a melhorar quando formos à luta. Dizer que não há prazo para isso acontecer ou que as coisas vão se endireitar por si só no mundo é ter uma visão a-histórica de como se avançou até aqui em termos de equidade e representatividade. Sempre foi preciso ir à luta. Sempre foi preciso tomar a iniciativa e fazer disso uma prioridade. E sempre foi preciso sacrificar outras prioridades para concentrar esforços em avançar nessa arena ou em qualquer outra área da equidade e da igualdade de direitos".

Como Maher explicou, a missão da Wikipedia é chegar a todo ser humano do planeta – algo que, ela percebeu, não seria possível se os maiores colaboradores da enciclopédia seguissem sendo homens brancos americanos. Maher observou que, ainda em 2016, apenas 14% das biografias no site eram de mulheres. "Para nós, portanto, diversidade não é só o certo a fazer. É, isso sim, a única maneira de chegarmos perto de cumprir a missão que estabelecemos para nós mesmos, e é algo que começa com garantir uma diversidade de perspectivas em nossos funcionários, para que possamos atender uma comunidade de usuários cada vez mais diversa e ter um produto mais inclusivo do que o que temos hoje – o que, por sua vez, o torna mais acessível para mais gente."

E esse compromisso é evidente. Entre os funcionários contratados nos Estados Unidos durante o exercício fiscal de 2017-2018, 65% eram mulheres e 43% eram negros/afro-americanos, hispânicos/latinos ou asiáticos. Para chegar a essas cifras, a executiva reviu as práticas de contratação da empresa, repensou a composição do conselho e criou grupos internos de inclusão, os chamados "grupos de recursos para funcionários".

Maher resumiu sua transição de Otimista para Inclusificadora dizendo: "Se você não estiver incomodado, provavelmente é porque não está se esforçando o suficiente. É um processo constante e ativo de montar uma força de trabalho mais diversificada e, então, de criar os espaços inclusivos que as pessoas necessitam para seguir tendo sucesso, para se sentir satisfeitas, engajadas, recompensadas".

Seguindo o conselho de Maher, a única coisa que impede um Otimista de se tornar um Inclusificador é não agir de forma decidida. O apoio verdadeiro que o líder dá à diversidade deve ser acompanhado de ações condizentes. É o que chamo de *Voar em frente ao radar*. Ao mesmo tempo, é possível usar sua positividade natural e aumentar a motivação do pessoal ao tornar singularidade e pertencimento (ou inclusificação) uma experiência mais prazerosa para todos.

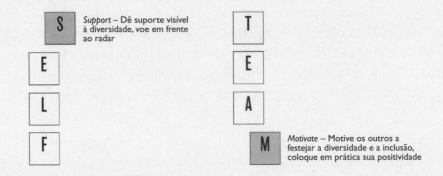

Voe em frente ao radar (dê suporte)

Um dos primeiros passos que o Otimista pode dar para virar um Inclusificador é tornar mais público seu compromisso de promover a singularidade e o pertencimento.

Hoje, o consumidor quer gastar seu dinheiro em empresas que compartilhem seus valores. Em uma sondagem feita pela Sprout Social, 66% dos entrevistados disseram acreditar que é importante uma marca se posicionar sobre questões sociais e políticas.[1] Na maioria dos casos, isso significa defender a inclusão.

Muitos dos CEOs Inclusificadores de hoje são, no fundo, ativistas. Dan Schulman, do PayPal, me contou que seu compromisso com o ativismo era herança da mãe, que marchou com Martin Luther King Jr. no Sul dos Estados Unidos. Schulman ter cancelado os planos de abrir um novo centro de operações globais em Charlotte, Carolina do Norte, foi uma resposta a uma lei estadual (a Public Facilities Privacy & Security Act) que, temiam alguns, permitiria a discriminação contra a comunidade LGBTQ. Para o estado, essa decisão significou a perda de 400 empregos. "A lei perpetua a discriminação e viola os valores no cerne da cultura do PayPal", disse Schulman em comunicado divulgado pela companhia em 2016. Schulman cortou os serviços do PayPal para mais de 30 grupos propagadores de ódio e de supremacistas brancos no ano seguinte, quando parte deles deflagrou uma onda de violência em Charlottesville. Schulman viu a paralisação do governo federal nos Estados Unidos no início de 2019 como um momento no qual a iniciativa privada deveria entrar em cena. Foi ele quem lançou a ideia de o PayPal adiantar 500 dólares em dinheiro, sem cobrança de juros, a servidores públicos com salários suspensos, liberando um total de 25 milhões de dólares em empréstimos. E, mais recentemente, após uma sondagem em uma área da empresa, a operações de clientes globais, o PayPal lançou um programa interno de saúde financeira para aumentar salários, melhorar benefícios – reduzindo seu custo –, converter todo funcionário em um acionista do PayPal e fornecer ferramentas de educação e planejamento financeiros.

Vi níveis parecidos de ativismo entre muitos dos CEOs que entrevistei: John Rogers Jr., co-CEO da Ariel Investments; Bernard Tyson, o finado CEO da Kaiser Permanente; Marc Benioff, da Salesforce; Katherine Maher, da Fundação Wikimedia. Líderes que verdadeiramente entendem a importância da diversidade em geral a incorporam a sua visão de mundo. Quando isso ocorre, é natural ver essa pessoa defendendo os chamados Dreamers* das leis de imigração nos Estados Unidos, ou direitos iguais para LGBTQs, ou equiparação salarial.

Até um novo CEO pode ter um enorme efeito inclusificador. Quando assumiu o comando da firma de auditoria e consultoria Crowe LLP, Jim Powers declarou publicamente que diversidade e inclusão eram uma prioridade estratégica. Passados vários anos, ele segue comunicando e reforçando a diversidade com um marcado alinhamento aos velhos valores centrais da companhia e com um claro foco tanto na questão moral quanto na comercial. Pude constatar em primeira mão essa paixão quando fui convidada para falar a uma plateia com todos os sócios em 2018. O executivo explicou que sua meta era garantir que

---

* São chamados de "Dreamers" os imigrantes que entraram ilegalmente nos Estados Unidos quando crianças. [N. E.]

as iniciativas se incorporassem de tal forma à estrutura da empresa, e com impacto visível, que resistissem ao teste do tempo.

Todos os funcionários que entrevistei na Crowe concordavam que a postura de Powers sobre a diversidade estava mandando uma mensagem clara e que essa mensagem estava influenciando a conduta dos gerentes. Ray Calvey, sócio de auditoria da firma, disse: "Parte daquilo que o CEO disse é que ele quer que as pessoas sejam defensoras ativas da diversidade e da inclusão. Há quem diga 'Bom, não sou *contra*'. É ótimo você não ser *contra*, mas Jim desafia a gente a perguntar 'O que estou fazendo para *promover* isso?' São duas coisas bem diferentes. Na minha equipe, por exemplo, estipulei a meta de aumentar nossa diversidade geral de raça e gênero em um período de três anos. E nos avaliamos à luz disso: estamos ou não ficando mais diversificados?

"Isso feito, tivemos de pensar: 'Bom, e como aumentamos o *pipeline* de indivíduos diferentes que poderiam vir a ser os melhores candidatos?'. Não posso contratar o melhor candidato diverso se nunca entrevisto nenhum. E a resposta em geral é: 'É que não há nenhum'. Bom, todos sabemos que não é verdade. Há, sim. Só não estamos indo aos lugares certos para encontrá-los. É uma questão, em parte, de desafiar a si mesmo. Onde estou buscando candidatos? Como estou filtrando essas pessoas? Como avaliá-las de forma objetiva? Porque todos nós julgamos os outros, não importa quem somos, seja pelo nome ou pela aparência."

O que, então, a Crowe vem fazendo para promover mudanças? Segundo a diretora de pessoas, Julie Wood, a empresa estabeleceu metas para aumentar a diversidade no *pipeline* de candidatos, bem como em promoções dentro da empresa, com o objetivo de garantir que o pessoal que está sendo contratado e promovido reflita o universo de talentos disponível. Karen Thompson, líder de diversidade e inclusão da Crowe, diz que a companhia também está testando soluções tecnológicas destinadas a eliminar vieses no processo de seleção e novas abordagens de interação com grupos sub-representados, para poder entender melhor sua experiência e, com isso, fazer mudanças concretas a fim de melhorar as coisas. Isso tudo, em combinação com grupos de afinidade internos, atividades com as bases da empresa em toda região na qual atua e o apoio a defensores da diversidade, está no cerne da criação de mudanças reais e duradouras.

Aumente metas e *accountability*

Mas o Otimista não pode assumir compromissos só da boca para fora; precisa adotar uma abordagem como a da Crowe e ter mecanismos para monitorar essas metas. A teoria da determinação de metas – segundo a qual a pessoa atinge resultados melhores quando adota metas específicas, mensuráveis, atingíveis, realistas e temporais (SMART, na sigla em inglês) – já provou suas vantagens em uma série de ambientes.[2] É algo usado não só por organizações mundo afora, mas por indivíduos que buscam atingir algum objetivo no plano pessoal (aprender outra língua, entrar em forma, parar de fumar).

Embora iniciativas de diversidade tenham impacto profundo nos resultados gerais de uma organização, muitas pessoas não se sentem bem estipulando metas de diversidade. Mas o fato é que uma meta-análise (um estudo que sintetiza resultados de estudos anteriores) mostrou que estabelecer metas era a intervenção de diversidade mais eficaz de todas. E muitas empresas já o fizeram.

Muitos dos CEOs com quem falei para este livro estipularam metas. Algumas empresas, como Gap Inc. e Salesforce, adotaram metas de equiparação salarial. Outras, como Medtronic e Starbucks, adotaram metas numéricas para aumentar a diversidade na liderança. Quando falei na comemoração do Dia Internacional da Mulher na Accenture, descobri que a consultoria tinha estabelecido uma meta de 50% de equilíbrio de gênero para a organização no mundo todo até 2025. Hoje, está em 40%. Outra meta é que 25% dos diretores-gerais sejam mulheres. Claramente, para definir metas é preciso saber qual é sua situação atual. E, então, formular uma meta SMART. Isso feito, é hora de traçar um plano de ação para atingir o objetivo. E aí é "lavar, enxaguar e repetir" para garantir que esteja fazendo progresso rumo à meta.

A título de exemplo, Bob Wendelgass, CEO da Clean Water Action, estipulou metas de diversidade. O primeiro passo foi analisar sua situação nesse quesito – o que foi fácil, pois a associação informa os dados ao grupo Green 2.0 para uma pesquisa anual sobre diversidade. Em seguida, a entidade estipulou que 30% do conselho e 40% dos funcionários seriam pessoas não brancas. Wendelgass acrescentou diversidade e inclusão às avaliações de desempenho. E explicou: "Queria mandar o recado de que isso não é só uma coisa bacana e que não é algo opcional. É um compromisso que a organização assumiu, e é parte do seu trabalho. É parte do trabalho de todas as pessoas, e por isso faz parte da avaliação de desempenho".

É claro que ter metas não faz muito sentido se não houver prestação de contas, e uma das coisas que realmente diferencia Inclusificadores de Otimistas é a ênfase na prestação de contas, a chamada "*accountability*". Tão importante quanto estabelecer metas é ter como cobrar o cumprimento delas. A maioria das pessoas não é má – e se fia em estereótipos porque é mais fácil. Portanto, as pessoas precisam de um motivo convincente para deixar de lado os estereótipos. A prestação de contas é um desses motivos.

Um tremendo estudo de campo longitudinal com 9 mil trabalhadores examinou os efeitos da *accountability* e da transparência em decisões salariais.[3] Os pesquisadores analisaram a disparidade salarial antes e depois da inclusão da prestação de contas e da transparência no sistema de cálculo da remuneração por desempenho da empresa. Antes da intervenção, havia uma brecha na distribuição da remuneração variável, com base no desempenho, com homens brancos sendo mais premiados do que mulheres, minorias e trabalhadores que não tinham nascido nos Estados Unidos, mesmo com *nota idêntica em avaliações* e *exercendo a mesma função sob o mesmo gerente*! Isso posto, a disparidade caiu depois que a organização reforçou a transparência e a *accountability*.

Uma empresa à qual dei consultoria alçou a prestação de contas a outro nível. Em um fenômeno chamado "efeito chamariz", o indivíduo é naturalmente atraído a duas das opções mais semelhantes de três e, para limitar o esforço cognitivo, vai ignorar a terceira alternativa, que é diferente, e escolher entre as duas que são parecidas. Com base em meu estudo sobre finalistas em processos de seleção (a probabilidade de que um homem branco seja contratado é desproporcionalmente maior se entre os finalistas houver somente um homem não branco),[4] a empresa primeiro exigiu que entre os finalistas houvesse pelo menos duas mulheres, pessoas não brancas, mulheres não brancas e/ou LGBTQ (ou uma mulher e uma pessoa não branca).

Segundo, para aumentar a *accountability*, o diretor de diversidade passou a exigir que, toda vez que um homem branco fosse contratado, o gerente responsável pela contratação teria de explicar por que a escolha não fora por uma mulher ou pessoa não branca. Pode parecer extremo, mas ele explicou que, por décadas, toda vez que tinha contratado uma mulher ou pessoa não branca, tinha sido obrigado a explicar o porquê e a justificar a decisão, pois a norma era contratar homens brancos. Como contratar uma mulher ou pessoa não branca sempre pareceu um risco, ele sempre teve de justificar o porquê da escolha. E se invertesse as coisas e passasse a exigir de gerentes que estavam contratando que justificassem a escolha de um homem branco? O que ele descobriu foi que isso fazia as pessoas refletirem muito mais sobre decisões de contratação, em vez de simplesmente optar pela saída fácil.

Mas metas não servem só para o quadro de funcionários; a organização também deve estipular metas para a diversidade de fornecedores. Dawn Chase, diretora de diversidade e inclusão da NAACP, me explicou a importância que a diversidade de fornecedores tem para a igualdade e sugere que, mesmo em casos em que a organização não consiga encontrar fornecedores com negros no comando, o certo seria buscar fornecedores que usem subfornecedores pertencentes a negros. A PepsiCo está comprometida com a diversidade de fornecedores desde 1982, e estipular metas é fundamental para essa iniciativa.[5] Em sintonia com o que sugere Chase, a empresa orienta fornecedores "não diversos" a usar subfornecedores pertencentes a minorias e exige que informem a cifra gasta com esses subfornecedores (do total gasto com o subfornecimento).

Coloque a positividade em prática (motive)

A segunda lição, *Colocar em prática a positividade*, aproveita a atitude já positiva do Otimista e a converte em ação: celebrar a diversidade para motivar membros da equipe. A realidade é que a maioria das pessoas prefere diversidade a homogeneidade. Quem trabalha em ambientes mais diversos e inclusivos é mais engajado, comprometido, colaborativo e satisfeito com o trabalho. Segundo a Deloitte e a Iniciativa de Liderança Billie Jean King, millennials esperam maiores níveis de diversidade nos quadros.[6] Isso vale ainda mais para a geração Z, que inclui aqueles que nasceram entre 1995 e 2015. Sendo a geração mais diversificada até hoje, a Z exige diversidade e igualdade no trabalho.[7]

Vejo, por exemplo, que séries de TV estão ficando mais diversificadas, o que me deixa mais inclinada a assisti-las. É só pensar no espetacular elenco reunido por Shonda Rhimes em séries como *Grey's Anatomy*, que, quando o 332º episódio foi ao ar, em fevereiro de 2019, se tornou o drama médico mais longevo no horário nobre da televisão americana,[8] e *Scandal*, que rompeu estereótipos e bateu recordes, sendo, no momento da estreia em 2012, o primeiro drama de uma emissora aberta protagonizado por uma mulher negra em 40 anos.[9] Não foi muita surpresa, portanto, começar a ver estudos mostrando que a maioria das pessoas prefere elencos mais diversos – preferência que é boa para os resultados de empresas.

Em um estudo feito na UCLA, pesquisadores analisaram os 200 filmes de maior bilheteria em 2016 – produções como *Capitão América: Guerra civil* e *Esquadrão suicida*. Filmes em que 21% a 30% do elenco eram minorias arrecadaram uma média global de 179,2 milhões de dólares. Já a bilheteria mundial média de filmes com menos de 10% de atores de minorias foi de menos de 40 milhões dólares.[10] Outro estudo revelou que produções diversificadas – especificamente filmes com mais de um ator negro – deram resultado melhor do que aqueles com um ou nenhum ator negro.[11] Para descartar outras explicações (resultados melhores devido a elenco ou orçamento maiores, por exemplo), os pesquisadores fizeram um experimento controlado em laboratório no qual observaram o mesmo efeito. À medida que a população americana vai ficando mais diversificada, as pessoas se sentem mais à vontade em espaços de trabalho com diversidade.

Por que, então, não celebrar a diversidade? Muitos Inclusificadores com quem falei me contaram ter criado ritos e rituais que festejam a singularidade e o pertencimento, para que isso deixe de parecer uma obrigação. A empresa de alimentação e gestão de *facilities* Sodexo tem um programa, o Campeonato de Diversidade, que reconhece indivíduos e equipes por uma multiplicidade de ações de apoio à diversidade e à inclusão – de programas em larga escala como a criação de grupos de apoio internos a pequenos atos como coaching e mentoria. As indicações são feitas on-line e os vencedores recebem prêmios e uma carta de felicitação da diretora global de diversidade da empresa, Rohini Anand, além de um evento de confraternização com toda a equipe e o reconhecimento em publicações internas. O mero ato de compartilhar histórias de sucesso na inclusificação é uma excelente maneira de reforçar a cultura.

A American Family Insurance abre as comemorações do Mês do Orgulho LGBTQ com uma cerimônia de hasteamento de bandeira na sede nos Estados Unidos e promove a semana "Vista seu Orgulho", na qual o pessoal é incentivado a vestir uma cor específica a cada dia. Funcionários também participaram de paradas do orgulho em Denver, Colorado; St. Joseph, Missouri; e Eden Prairie, Minnesota.

A Squarespace, que foi eleita o melhor lugar para trabalhar em Nova York por dois anos pela publicação *Crain's New York Business*, promove o pertencimento com o foco em uma cultura horizontal, aberta e criativa. Para que todo funcionário sinta que sua voz é ouvida e computada, há sessões chamadas "Horário de atendimento do CEO" abertas a todos. A empresa também promove uma reunião mensal para pessoas recém-contratadas – na área do café/bar da empresa, com comidinhas, bebidas e jogos para todos. Para quebrar o gelo, há uma apresentação com a foto de cada novo funcionário, sua equipe e algum fato curioso sobre a pessoa. Há uma "pergunta do mês" – algo do tipo "qual o tema de abertura da sua série de TV favorita?" –, para ajudar os funcionários a se conhecerem. A empresa também organiza uma festa anual no verão, oficinas de artes, campeonatos de xadrez humano, minigolfe. Tudo com comida encomendada de fornecedores locais.

A consultoria Team Building Hero sugere eventos e jogos como caça ao tesouro, *escape room*, boliche, concurso de cupcakes e troca de livros (troque esta obra com alguém!) para promover o entrosamento das pessoas.

Muitas empresas, como Adobe e REI, se esforçam para criar mais diversão no trabalho, o que pode ter efeitos positivos. Um estudo, por exemplo, mostrou que ter mais prazer no trabalho melhora a qualidade de vida dos funcionários e até a do sono. Já ser exposto a incivilidade no local de trabalho – interações rudes ou hostis – pode resultar em pior qualidade de vida, menor rendimento no trabalho, menor colaboração e aumento da rotatividade de pessoal. Um ambiente de trabalho prazeroso é melhor e, não surpreende, mais propício à criatividade e à diversidade.

Atividades inclusificadoras no trabalho
- Comemorar conquistas na inclusificação
- Eleger um "Inclusificador do mês"
- Organizar uma "caça ao tesouro"
- Ir a um *escape room*
- Sair para jogar boliche
- Fazer um concurso de cupcakes
- Organizar uma troca de livros

- Fazer festinhas-surpresa de aniversário, chás de bebê etc.
- Celebrar a Semana do Orgulho e outros eventos culturais
- Organizar reuniões sociais com recém-contratados
- Fazer uma "pergunta do mês" para incentivar a comunicação
- Organizar uma confraternização de verão
- Fazer uma oficina de artes
- Organizar um campeonato de xadrez humano
- Jogar minigolfe
- Sair para almoçar ou jantar juntos
- Assistir a algum evento esportivo juntos

Esse tipo de atividade pode ajudar a inculcar a cultura da inclusificação no seio da organização. A meu ver, o melhor exemplo disso é a cultura e a marca da Starbucks, ambas centradas na experiência humana. A empresa atende 90 milhões de consumidores por semana em 26 mil lojas espalhadas pelo mundo e trabalha para ajudar funcionários e clientes a se sentirem conectados. Quando o fundador e CEO de longa data da empresa, Howard Schultz, se aposentou em 2017, fiquei curiosa para saber se o novo presidente, Kevin Johnson, preservaria esses valores. Pedi uma entrevista com Johnson na primeira semana dele no cargo para um artigo que estava escrevendo para a *Harvard Business Review*. Confesso que fiquei meio surpresa quando ele aceitou falar; afinal, entre dirigir a empresa e tudo o mais, não sobrava muito tempo. Johnson disse, no entanto, que criar um local de trabalho mais diversificado e inclusivo era algo tão importante para ele e para a Starbucks que era preciso falar sobre isso.

Por sorte, Johnson é tão Inclusificador quando Schultz e explicou como o foco em uma cultura inclusificada é crucial para o sucesso da Starbucks. A cultura da Starbucks realmente gira em torno da criação de uma cultura de compaixão e empatia na qual as pessoas possam se conectar. Isso começa com a forma como a empresa aspira tratar seus clientes e se estende ao modo como os funcionários tratam uns aos outros.

É importante frisar que Johnson não espera, de modo otimista, que a cultura da empresa se mantenha por si só, mas trabalha diariamente para que isso aconteça, fazendo progressos reais em termos de diversidade na equipe executiva e no conselho.

16

Minha jornada inclusificadora

"É uma jornada para realmente entender as inúmeras maneiras pelas quais raça e gênero afetam nosso mundo. Há sempre níveis cada vez mais profundos de descoberta e entendimento na questão da diversidade e da inclusão."
Lois Debacker, diretora-geral, Kresge Foundation (Inclusificadora)

Assim como muito líder por aí, não nasci Inclusificadora. Fui acometida, em diferentes momentos da vida, por várias das loucuras que descrevi e, às vezes, ainda demonstro uma pequena dose de alguma delas. É possível que você também. Talvez não seja 100% Gerente Meritocrático, mas uma mescla de 40% de Gerente Meritocrático, 40% de Paladino da Cultura e 20% de Inclusificador. A meu ver, isso é normal. É uma jornada, e aqui está a minha.

A jovem Stefanie

Para contextualizar um pouco, vou falar de onde venho. Fui criada por minha mãe (meus pais são separados) em Los Angeles, na Califórnia. Morávamos bem perto de East LA, uma zona tradicionalmente habitada por hispânicos, mas que também tem uma grande população asiática. Minha escola era 48% hispânica, 48% asiática e 4% outros. Minha mãe é mexicana, meu pai era caucasiano. Falo espanhol (mal) e adoro ser latina.

Se tivesse de pensar em uma única palavra para descrever minha infância, essa palavra seria *pobre*. Muita gente me diz que vem de uma família pobre e aí conta que a mãe era médica. Não é desse tipo de pobre que estou falando. Nenhum dos meus pais fez faculdade. Em vários momentos da vida, a gente dependeu de algum auxílio do governo, inclusive para comer. Éramos o pobre que procura onde estão doando peru para a ceia de Ação de Graças. Minha mãe discordaria, pois sempre se sentiu abençoada. Pode até ser. Mas éramos, *ao menos* financeiramente, pobres.

Creio que não seria exagero dizer que sempre fui uma criança esquisita. Sempre fui muito alta – aos 14 já media quase 1,80 metro. Não sou particularmente atlética, embora tenha praticado muito esporte nos tempos de escola. Aliás, acho que tentei de tudo um pouco no colégio, na esperança de achar alguma fórmula mágica para entrar na faculdade. Tinha ouvido dizer que universidades dão preferência a atletas, a alunos que também trabalham ou a estudantes que fazem matérias eletivas já pensando lá na frente, na faculdade. Como não sabia qual dessas alternativas era verdade, tentei de tudo. Era do grupo de teatro, do livro do ano, do jornal, de clubes sociais, do grêmio.

Na minha cabeça, sempre me achei um peixe fora d'água, mas, quando fui à festa dos 20 anos de formatura, fiquei surpresa ao descobrir que muita gente achava que eu estava em casa na escola. "Você foi presidente da turma!", uma amiga exclamou. "Desde quando isso é se sentir deslocada?" Tenho quase certeza de que fui vice-presidente, mas isso não vem ao caso.

Acho que ela tinha razão; pelo jeito, eu me encaixava ali. Mas o fato é que nunca senti que *pertencia*. E, olhando hoje, vejo que o motivo era que nunca fui eu mesma. Era um camaleão extremo. Na psicologia, chamamos isso de "automonitoramento": a capacidade do indivíduo de decifrar a situação social e de se adequar a ela, seja qual for. Mas, quando está sempre tentando se adequar, é fácil perder de vista quem você realmente é. E, sinceramente, ninguém precisa se adequar, se encaixar. Precisamos, sim, achar uma maneira de conviver juntos.

Apesar das desvantagens que enfrentei quando criança, consegui ser aceita pelas melhores faculdades americanas. Embora eu achasse que merecia ter sido admitida (afinal, tinha seguido o roteiro), minha admissão nessas instituições foi questionada por alguns. Lembro de um amigo do ensino médio ter me dito que eu só tinha sido aceita na UC Berkeley por causa da minha raça. Na época, o estado da Califórnia tinha acabado de aprovar a chamada "Proposition 209", que proibia universidades públicas de considerar a raça no processo de admissão. Quando virou lei, a porcentagem de estudantes latinos admitidos à rede pública de universidades da Califórnia na verdade caiu, de 15,1% para 13,4%. O desejo de me provar fez com que eu sentisse um pouco da ameaça do estereótipo (tinha medo de fracassar e confirmar o estereótipo de que mexicanos são, de certo modo, inferiores). Também comecei a abraçar a ideia de meritocracia. De certa forma achava que, se conseguisse vencer, aquilo seria prova de que o mundo é meritocrático.

Graduação

Levei um pouco da ameaça do estereótipo e dos ideais meritocráticos comigo para a faculdade, mas também comecei a ver a importância de ser eu mesma em vez de simplesmente tentar me encaixar. Acho que encontrar nossa identidade é parte da experiência de entrar na faculdade, e comecei a tentar equilibrar singularidade e pertencimento durante o primeiro ano do curso. Acabara de chegar a um dos *campi* mais bonitos do país, o da Claremont McKenna College. A faculdade tinha a fama de ser festeira e estava cheia de gente bonita e inteligente que parecia saída de um *reality show*. Durante a semana de orientação, toda noite tinha alguma festa e, apesar da minha tendência à introversão, consegui ir a todas com meus novos colegas de quarto e de dormitório.

No entanto, quando foi chegando a sexta-feira, eu sabia que haveria um problema. Quando eu tinha 18 anos, a sexta era a noite mais importante da semana: era quando ia ao ar na Fox um novo episódio da série *Arquivo X*. Mas, naquela sexta, também ia haver a tal da festa da toga. Quando precisei escolher uma das duas, o vencedor foi claro: é óbvio que fiquei com o paranormal Mulder e sua cética parceira, a Scully. Achei que ninguém se importaria se eu não fosse à festa, e, se achassem ruim, provavelmente é porque não éramos da mesma tribo.

Mas eu estava errada: o povo se importava, sim. Em um momento em que todo mundo estava procurando um jeito de entrar para a "turma", fofocar sobre a nerd do grupo era o assunto perfeito. Por causa da minha quedinha por refrigerantes tóxicos e séries de suspense na TV, muita gente me achava estranha, e uma maneira de entrar para uma turma é deixar certas pessoas de fora. No dia seguinte, no café da manhã, ouvi um aluno dizer: "Ficou sabendo da menina do Faucet [meu dormitório] que não foi à festa ontem para ficar assistindo à TV?". Daquele dia em diante, virei alvo constante de chacota por ter perdido a chance de ir beber cerveja barata enrolada em um lençol para ficar debaixo do meu lençol bebendo Mountain Dew e assistindo a *Arquivo X*.

Estava tentando mostrar um pouco de mim aos outros – tentando ser quem eu era. E eu era a menina que, no livro do ano do colégio, se identificou com a frase "A verdade está lá fora". Uma pessoa que não gostava de ir a shows porque tinha muita gente, mas que achou coragem para ir a um encontro de fãs do *Arquivo X*. Alguém que secretamente perseguia um dos protagonistas da série, o ator David Duchovny – que, curiosamente, quase foi trabalhar na Claremont McKenna College antes de conseguir o papel na série (pura coincidência, posso garantir, e nem de longe a razão pela qual escolhi essa faculdade).

Ou seja, assim como muitos outros universitários, por mais que eu quisesse fazer parte da turma, não queria se não pudesse ser eu mesma. Sejamos sinceros: se eu quisesse realmente me encaixar, podia muito bem ter dito que estava doente ou ter ido à festa e perdido aquele episódio da série. Mas não queria só me encaixar; queria me encaixar sendo quem eu sou.

Também encontrei minha identidade de outras maneiras, fazendo pesquisa sobre liderança nos quatro anos da faculdade, incluindo aí o trabalho de conclusão de curso. Participei de conferências acadêmicas como estudante e continuei batalhando por um doutorado, ainda acreditando que o mundo era uma meritocracia e que eu seguiria avançando nos estudos.

Doutorado

Da faculdade, fui direto para um programa de doutorado na Universidade Rice, onde aprendi muito mais sobre estatística e sobre como fazer pesquisas sobre liderança (o tema da minha tese e dissertação de mestrado). Mas também comecei a descobrir que o mundo não era tão meritocrático assim. Como monitora ou assistente em várias matérias, notei que o campo de jogo não é nivelado. Vi que certos alunos têm notas piores porque precisam trabalhar para bancar o curso. Não quer dizer que sejam menos capazes, só que têm menos dinheiro. Percebi que muita gente talentosa fica pelo caminho por falta de dinheiro, por deveres familiares e pela discriminação no ensino superior.

Enquanto era estudante, estava mergulhada demais no meu próprio ego para enxergar a desigualdade. Não queria admitir que tinha de dar mais duro do que outras pessoas só para comprar meus livros. Aliás, não queria que ninguém soubesse que tinha de trabalhar também. Mas, agora, quando eu já não era o centro, podia ver claramente que há iniquidades na torre de marfim do mundo acadêmico.

Verdade seja dita, continuei exibindo muitos comportamentos que sustentavam o patriarcado, como costumo dizer. No doutorado, buscava trabalhar somente com orientadores do sexo masculino, pois achava que teriam mais contatos e credibilidade para me ajudar a conseguir uma colocação. Nunca estruturei minha pesquisa em torno da diversidade, pois achava que isso me faria parecer menos competente ou menos séria aos olhos dos outros. Em vez disso, fui estudar liderança, um belo tema masculino. Tentava não irritar as pessoas com conversas sobre desigualdade. Mas comecei a perceber como o sistema era imperfeito e como volta e meia impedia o sucesso de mulheres e pessoas não brancas. Minha turma na pós-graduação era até bastante heterogênea: havia uma negra, uma hispânica (eu), um hispânico e três brancas. Mas o resto do meio acadêmico não parecia tão diversificado. Lembro-me de uma das minhas primeiras entrevistas de trabalho, durante um congresso. A entrevista foi em um quarto de hotel – não em uma sala de reuniões, mas em um quarto com cama e tudo. Quando entrei, bastante sem jeito, me deparei com três homens brancos, cada qual com uma cópia do meu currículo. Um olhou para o outro com uma cara meio estranha, em uma situação tão incômoda que a certa altura perguntei se havia "algum problema". Um deles respondeu, com um sotaque carregado do Sul: "É que achamos que você era *mais velha*".

Tinha concluído meu doutorado aos 25 e, àquela altura, provavelmente estava com 26. Não tinha o que dizer. É verdade que eu era jovem, e já tinha ouvido dizer que faculdades de administração não gostam de contratar professoras muito jovens porque alunos de MBA "fazem picadinho" delas e avaliam mal sua capacidade como docentes. Há, sim, vastas evidências de vieses injustos contra a mulher em avaliações de docentes, mas isso não parece um critério justo a adotar na hora de contratar.[1]

Fiquei ali, tentando achar algo engraçado para dizer em resposta ao "achamos que você era *mais velha*". Finalmente respondi: "Eu vou ser". Fiz um silêncio eloquente antes de emendar: "Amanhã, e no dia seguinte, e no dia depois do seguinte. Sejamos sinceros, senhores, o trem avança em uma única direção". Silêncio. Sorri, para mostrar que estava brincando. "Obrigado, isso é tudo", disse um deles, indicando que a entrevista tinha acabado.

Vida de professora

Mas é claro que, a certa altura, consegui um emprego e tive boas avaliações como docente. E fiquei mais velha, como esperado. A grande surpresa, para mim, foi ver que quase todos os meus estudos sobre liderança revelavam disparidades de raça e gênero. Ver o viés em primeira mão – em minha pesquisa, não só em relatos de outros – me deixou revoltada e comecei a me converter mais em Pastora. Comecei a tentar me destacar e a defender a diversidade e a inclusão. Ao longo do caminho, comprei algumas brigas. Pode ser exasperante ver que alguém não está dando apoio à igualdade.

Nenhum local de trabalho é perfeito e o meu definitivamente tinha altos e baixos no que dizia respeito à diversidade. Mas os altos superavam os baixos, pois o departamento tinha aceitado bem a ideia de mudar certas práticas para reduzir vieses. Fizemos um processo de seleção anonimizado que rendeu duas novas professoras, triplicando o número de mulheres no departamento (até então, eu era a única). Mas aí ouvi um colega dizer a uma delas que ela tinha sido contratada por ser mulher. "Queríamos muito contratar uma mulher", ele disse. Será que ele achou aquilo um elogio? Corri a explicar aos dois que tínhamos feito uma seleção anonimizada, de modo que só fomos saber que ela era mulher quando a chamamos para uma entrevista. Mas não sei ao certo se aquilo diminuiu a mágoa que ela deve ter sentido.

A faculdade teve sua cota de desafios no que diz respeito à diversidade. Mas graças ao apoio da diretora, Sharon Matusik, também tivemos vitórias. A decana lançou várias iniciativas para criar e manter um corpo discente mais diversificado. Ao trabalhar para essa meta, a qualificação de novos alunos (medida por exames finais de ensino médio, como o SAT) subiu, bem como nossa colocação (20ª) no ranking das melhores escolas de negócios dos Estados Unidos para cursos de graduação. Hoje, nossa faculdade tem cinco diretoras – até bem pouco tempo atrás, não tinha nenhuma. E, o mais importante, Matusik sempre foi muito transparente com seus processos, de modo que ninguém pode acusá-la de viés. Tive a oportunidade de criar uma nova disciplina – Women in Business – para alunos da graduação e outra, sobre liderança inclusiva, para o MBA. Sob muitos aspectos, vejo a Leeds como uma das líderes na criação de um currículo inclusivo no curso de administração.

Maternidade e vida

Assim como qualquer mãe que trabalha fora, vivo o desafio de equilibrar trabalho e família. E sei quão importante é para os pais ter flexibilidade no trabalho. É inacreditável a quantidade de eventos que escolas primárias programam bem no meio do dia. Faço o possível para comparecer, mas também perco muita coisa. Adoro meu trabalho, então tento me convencer de que estou contribuindo para fazer do mundo um lugar melhor para meus filhos e dando o exemplo de igualdade de gênero ao ser mãe e seguir trabalhando fora. É claro que sempre há momentos de culpa e tristeza, quando penso que perdi algo que as crianças estão fazendo. Viajo muito para dar palestras em conferências, em empresas, em reuniões de conselhos. Isso significa passar muito tempo longe da minha família. Ultimamente, comecei a levar as crianças comigo nessas viagens – e também minha mãe, que me ajuda cuidando dos pequenos enquanto trabalho.

Também enfrento o extraordinário desafio de criar filhos culturalmente inteligentes mesmo morando em uma cidade que é 90% branca. Em um jantar agradabilíssimo com Mellody Hobson, co-CEO da Ariel Investments, ela perguntou o que os demais na mesa estavam fazendo pela diversidade e a inclusão. Agora que entendo a loucura de ser um Otimista nessa área, sei bem da importância de agir para promover a diversidade, em vez de ficar só no discurso. E faço muita coisa: oriento mulheres, pessoas não brancas, mulheres não brancas, alunos com alguma deficiência, alunos LGBTQ e universitários de primeira geração. Doo dinheiro. Doo tempo. E tento mudar de verdade as coisas. Mas aí ela perguntou: "E é possível mudar as coisas vivendo em uma comunidade só de brancos?". Puxa. Não tinha parado para pensar que tinha optado por morar em um lugar com tão pouca diversidade – e, vindo de uma Inclusificadora como ela, aquelas palavras pesaram. Quero dizer, não me mudei para Boulder porque lá não havia diversidade. Queria apenas morar perto do trabalho, em um lugar com boas escolas e baixa criminalidade. E, no final, sob muitos aspectos não estou praticando os valores que defendo. Ao chegar em casa, fui dizendo a meu marido que tínhamos de voltar para a Califórnia (somos ambos de Los Angeles), que precisávamos passar um tempo no México ou que, no mínimo, tínhamos de colocar as crianças em uma escola mais diversa. Até agora, não fizemos nada disso e estou aberta a sugestões para mudar essa situação. Mas parece bastante hipócrita não viver em uma comunidade diversificada quando defendo tanto a diversidade. Portanto, sempre há algo a melhorar. Não sou, de forma alguma, o exemplo da perfeição na diversidade. Mas tento, diariamente, fazer ajustes na minha própria jornada de inclusificação.

Resumindo

Não importa se você é um Otimista, um Pastor ou de tudo um pouco – incluindo Inclusificador –, as lições deste livro têm o objetivo de ajudá-lo a aumentar a singularidade e o pertencimento na organização. Se algo dito no capítulo Team Player calou fundo, vá em frente e adote a lição, ainda que seu perfil seja o do Gerente Meritocrático. Tudo ajuda. Minha sugestão é pegar uma ou duas lições e fazer um teste no trabalho, ou usar qualquer dos temas discutidos para abrir um diálogo na empresa. Com isso, você já terá dado um passo à frente, pois vai ter mais empatia. Você leu este livro por um motivo. Sabe que líderes crescem e mudam o tempo todo. E, se ainda não sabia que há uma necessidade enorme de práticas mais inclusivas no local de trabalho, agora sabe. Espero que desfrute de sua jornada inclusificadora. Nunca esquecendo que ela deve ser prazerosa, que vai ser desafiante, que você vai cometer erros, vai se reerguer e, no final, será um líder melhor e mais forte.

Há muitos pontos de partida para essa jornada. Naturalmente, é possível extrair as lições do capítulo que mais lhe marcou (ou fazer a avaliação Inclusify, em inglês, no site InclusifyBook.com) ou escolher as suas favoritas no livro todo. Na verdade, qualquer coisa que fizer é melhor do que não fazer nada. E lembre-se: ao se lançar na jornada da inclusificação, o primeiro passo é tornar conscientes seus vieses inconscientes e, isso feito, passar para ações intencionais voltadas à inclusificação. E, na sequência, repetir todo o processo.

Se tivesse de sugerir por onde começar, eu diria que com a empatia. Comece a conversar com as pessoas para entender melhor a perspectiva de cada um. Tente ser mentor de gente diferente de você – em um círculo de mentoria ou individualmente. Crie uma rede de amplificação na empresa para abrir o diálogo a outras pessoas. Peça que apontem práticas culturais que não são inclusivas e pense em como poderia mudá-las. Na próxima vez que fizer uma reunião, tente incentivar a divergência e observe como o resultado será melhor. Todas essas ideias são ótimos pontos de partida.

Talvez você perceba que certas lições são fáceis de aplicar por conta própria, ao passo que outras pedem uma mudança um pouco mais estrutural e, portanto, podem exigir mais gente colaborando. Lições que exigem apenas seu esforço individual podem ser um bom começo, pois sempre é possível ampliar o impacto dessa mudança simples de comportamento ao discutir o tópico com sua equipe. Você pode, por exemplo, partir com empatia, *Colocar-se no lugar do outro* (ir falar com o pessoal no trabalho para entender melhor a perspectiva de cada um). Mas pode tornar essa ação mais concreta ao tentar *Ouvir o balido* (deixar a equipe à vontade para vir falar com você como grupo caso sintam que tiveram um tratamento injusto). Quando começa a combinar esses esforços individuais com mudanças mais estruturais, o efeito produzido é realmente mágico.

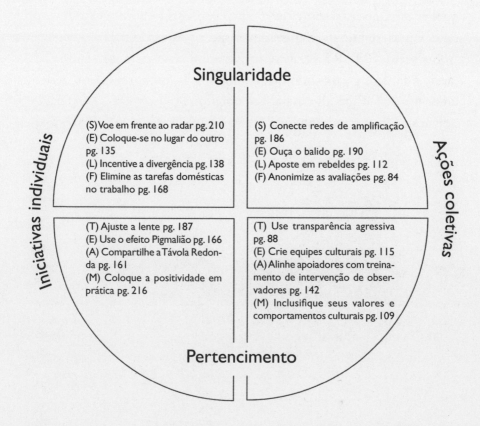

Se for um líder da área de recursos humanos ou diversidade, espero que tenha achado úteis as práticas de diversidade e inclusão do livro. Tente recrutar gente de redes heterogêneas, montar listas de candidatos diversificadas, usar avaliações anonimizadas na triagem inicial e seguir sempre o princípio de definir critérios antes de avaliar candidatos na seleção. Aposte em rebeldes e tente atrair jatos. Indo além da seleção, considere mudanças como eliminar as tarefas domésticas no trabalho, dar treinamento de intervenção de observadores e criar equipes culturais. E busque maneiras de festejar suas conquistas na diversidade e na inclusão.

Se for CEO, gerente-geral ou diretor executivo da organização, inicie a mudança do alto. Voe em frente ao radar, para que todos saibam qual é a sua posição sobre diversidade e inclusão. Incorpore singularidade e pertencimento à missão, à visão e aos valores da organização. Adote metas SMART e seja agressivamente transparente, sempre ajustando a lente e garantindo que os homens brancos da equipe tenham lugar à mesa. Faça alguma coisa. Faça qualquer coisa. Mas faça isso hoje e siga avançando na jornada da inclusificação.

Agradecimentos

Quero agradecer ao meu Swiet Piet, por apoiar meu sonho de escrever este livro. Aos meus filhos, que me fazem acreditar que é possível criar um futuro melhor. À minha *mamoo*, que me ajuda a manter o pé no chão, e ao meu irmão, que perdi muito cedo, mas que sempre esteve a meu lado. Aos amigos que me ouviram falar do livro no último ano: Elli, Nathalie, Courtney, Anisha, Sherice e Jenny. Ao meu agente, Michael Palgon, e à Tasha Eurich, que nos apresentou. À equipe da HarperCollins (EUA), pela ajuda inestimável nesse processo. Aos meus mentores Inclusificadores: Bob Dipboye, Mikki Hebl, Ron Riggio e Susan Murphy. A todos os CEOs e outros líderes que acharam tempo para falar com mais uma professora de administração, mas, especialmente, a Marc Benioff, Ralph de Chabert, Billie Jean King e John Rogers, que me abriram muitas portas. A todos os meus alunos, que são mais inteligentes e melhores do que eu jamais serei, mas que me inspiram a seguir buscando soluções para as questões mais espinhosas enfrentadas por empresas. A todas as mulheres, pessoas não brancas, mulheres não brancas, LGBTQ e pessoas com alguma deficiência que lutaram pela igualdade quando isso parecia algo impossível. Muito obrigada a todos.

Notas

Introdução

1. Sonali K. Shah, Rajshree Agarwal e Raj Echambadi. "Jewels in the Crown: Exploring the Motivations and Team Building Processes of Employee Entrepreneurs". *Strategic Management Journal* 40, nº 9 (2019): pp. 1417-52.
2. Paul A. Gompers e Sophie Q. Wang. "Diversity in Innovation". Working Paper no. 23082, National Bureau of Economic Research, jan. 2017. Disponível em: <https://www.nber.org/papers/w23082.pdf>.
3. Susan Sorenson. "How Employee Engagement Drives Growth". Gallup, 20 jun. 2013. Disponível em: <https://www.gallup.com/workplace/236927/employee-engagement-drives-growth.aspx>.
4. Marilynn B. Brewer. "Optimal Distinctiveness Theory: Its History and Development". In: *Handbook of Theories of Social Psychology*, vol. 2, ed. Paul A. M. Van Lange, Arie W. Kruglanski e E. Tory Higgins. Londres: Sage, 2011: pp. 81-98.
5. Lynn M. Shore, Amy E. Randel, Beth G. Chung *et al.* "Inclusion and Diversity in Work Groups: A Review and Model for Future Research". *Journal of Management* 37, nº 4 (2011): pp. 1262-89.

6. "When Women Thrive: An Evidence Based Approach to Diversity and Inclusion". Mercer. Disponível em: <https://www.mercer.com/our-thinking/when-women-thrive.html>.

Capítulo 1 | O poder da singularidade e do pertencimento

1. Geoff MacDonald e Mark R. Leary. "Why Does Social Exclusion Hurt? The Relationship Between Social and Physical Pain". *Psychological Bulletin* 131, nº 2 (2005): pp. 202-23.
2. Kristen P. Jones, Chad I. Peddie, Veronica L. Gilrane *et al.* "Not So Subtle: A Meta-Analytic Investigation of the Correlates of Subtle and Overt Discrimination". *Journal of Management* 42, nº 6 (2016): pp. 1588-613.
3. Blake E. Ashforth e Fred Mael. "Social Identity Theory and the Organization". *Academy of Management Review* 14, nº 1 (1989): pp. 20-39.
4. Kimberlé Crenshaw. "Demarginalizing the Intersection of Race and Sex: A Black Feminist Critique of Antidiscrimination Doctrine, Feminist Theory and Antiracist Politics". *The University of Chicago Legal Forum* 1989, nº 1 (1989): artigo 8.
5. Alexis Nicole Smith, Maria Baskerville, Jamie J. Ladge e Pamela Carlton. "Making the Invisible Visible: Paradoxical Effects of Intersectional Invisibility on the Career Experiences of Executive Black Women in the Workplace". *Academy of Management Journal* (no prelo). Ashleigh Shelby Rosette, Christy Zhou Koval, Anyi Ma e Robert W. Livingston. "Race Matters for Women Leaders: Intersectional Effects on Agentic Deficiencies and Penalties". *The Leadership Quarterly* 27, nº 3 (2016): pp. 429-45. Ashleigh Shelby Rosette e Robert W. Livingston. "Failure Is Not an Option for Black Women: Effects of Organizational Performance on Leaders with Single Versus Dual-Subordinate Identities". *Journal of Experimental Social Psychology* 48, nº 5 (2012): pp. 1162-67.
6. Patricia Faison Hewlin. "Wearing the Cloak: Antecedents and Consequences of Creating Facades of Conformity". *Journal of Applied Psychology* 94, nº 3 (2009): pp. 727-41.

7. Robin J. Ely e David A. Thomas. "Cultural Diversity at Work: The Effects of Diversity Perspectives on Work Group Processes and Outcomes". *Administrative Science Quarterly* 46, nº 2 (2001): pp. 229-73.
8. Verónica Caridad Rabelo e Ramaswami Mahalingam. "'They Really Don't Want to See Us': How Cleaners Experience Invisible 'Dirty' Work". *Journal of Vocational Behavior* 113 (2019): pp. 103-14.
9. Amber Burton. "Women of Color: Invisible, Excluded and Constantly 'On Guard'". *Wall Street Journal*, 9 dez. 2019. Disponível em: <https://www.wsj.com/articles/women-of-color-invisible-excluded-and-constantly-on-guard-11571112060>. Isis H. Settles, NiCole T. Buchanan e Kristie Dotson. "Scrutinized but Not Recognized: (In)visibility and Hypervisibility Experiences of Faculty of Color". *Journal of Vocational Behavior* 113 (2019): pp. 62-74. Kerrie G. Wilkins-Yel, Jacqueline Hyman e Nelson O. O. Zounlome. "Linking Intersectional Invisibility and Hypervisibility to Experiences of Microaggressions Among Graduate Women of Color in STEM". *Journal of Vocational Behavior* 113 (2019): pp. 51-61.
10. Anne-Marie Slaughter, Joan C. Williams e Rachel Dempsey. *What Works for Women at Work: Four Patterns Working Women Need to Know*. Nova York: NYU Press, 2014.
11. Tsedal B. Neeley. "Language Matters: Status Loss and Achieved Status Distinctions in Global Organizations". *Organization Science* 24, nº 2 (2013): pp. 476-97.
12. Danielle D. Dickens, Veronica Y. Womack e Treshae Dimes. "Managing Hypervisibility: An Exploration of Theory and Research on Identity Shifting Strategies in the Workplace Among Black Women". *Journal of Vocational Behavior* 113 (2019): pp. 153-63. Courtney L. McCluney e Verónica Caridad Rabelo. "Conditions of Visibility: An Intersectional Examination of Black Women's Belongingness and Distinctiveness at Work". *Journal of Vocational Behavior* 113 (2019): pp. 143-52.
13. Kristen P. Jones e Eden B. King. "Managing Concealable Stigmas at Work: A Review and Multilevel Model". *Journal of Management* 40, nº 5 (2014): pp. 1466-94.

14. Isaac E. Sabat, Alex P. Lindsey, Eden B. King *et al.* "Stigma Expression Outcomes and Boundary Conditions: A MetaAnalysis". *Journal of Business and Psychology* (2019): pp. 1-16. Anna M. Kallschmidt e Asia A. Eaton. "Are Lower Social Class Origins Stigmatized at Work? A Qualitative Study of Social Class Concealment and Disclosure Among White Men Employees Who Experienced Upward Mobility". *Journal of Vocational Behavior* 113 (2019): pp. 115-28.
15. McCluney e Rabelo. "Conditions of Visibility".
16. Marla Baskerville Watkins, Aneika Simmons e Elizabeth Umphress. "It's Not Black and White: Toward a Contingency Perspective on the Consequences of Being a Token". *Academy of Management Perspectives* 33, nº 3 (2019): pp. 334-65.

Capítulo 2 | O ABC da superação de vieses

1. Anthony G. Greenwald e Mahzarin R. Banaji. "Implicit Social Cognition: Attitudes, Self-Esteem, and Stereotypes". *Psychological Review* 102, nº 1 (1995): pp. 4-27. Anthony G. Greenwald e Linda Hamilton Krieger. "Implicit Bias: Scientific Foundations". *California Law Review* 94, nº 4 (2006): pp. 945-67. Anthony G. Greenwald. "New Look 3: Unconscious Cognition Reclaimed". *American Psychologist* 47, nº 6 (1992): p. 766.
2. Mahzarin R. Banaji e Anthony G. Greenwald. *Blindspot: Hidden Biases of Good People*. Nova York: Bantam, 2016.
3. Greenwald e Banaji. "Implicit Social Cognition: Attitudes, Self-Esteem, and Stereotypes".
4. Laura Mather. "Dear White Men: Five Pieces of Advice for 91 Percent of Fortune 500 CEOs". *HuffPost*, 4 ago. 2016. Disponível em: <https://www.huffpost.com/entry/dear-white-men-seven-piec_b_7899084>.
5. Claire Cain Miller, Kevin Quealy e Margot Sanger-Katz. "The Top Jobs Where Women Are Outnumbered by Men Named John". *New York Times*, 24 abr. 2018. Disponível em: <https://www.nytimes.com/interactive/2018/04/24/upshot/women-and-men-named-john.html>.

6. Susan T. Fiske, Amy J. C. Cuddy e Peter Glick. "Universal Dimensions of Social Cognition: Warmth and Competence". *Trends in Cognitive Sciences* 11, n° 2 (2007): pp. 77-83.
7. Daniel M. Wegner, David J. Schneider, Samuel R. Carter III e Teri L. White. "Paradoxical Effects of Thought Suppression". *Journal of Personality and Social Psychology* 53, n° 1 (1987): pp. 5-13.
8. Juan M. Madera e Michelle R. Hebl. "Discrimination Against Facially Stigmatized Applicants in Interviews: An Eye-Tracking and Face-to-Face Investigation". *Journal of Applied Psychology* 97, n° 2 (2012): pp. 317-30.
9. Daniel M. Wegner. "When the Antidote Is the Poison: Ironic Mental Control Processes". *Psychological Science* 8, n° 3 (1997): pp. 148-50.
10. Jessica Nordell. "Is This How Discrimination Ends?". *The Atlantic*, 7 maio 2017. Disponível em: <https://www.theatlantic.com/science/archive/2017/05/unconscious-bias-training/525405/>.

Capítulo 3 | Três lições para seguir o caminho da inclusificação

1. Marc Benioff, *Trailblazer: The Power of Business as the Greatest Platform for Change*. Nova York: Currency, 2019.
2. Carolyn L. Hafer e Laurent Bègue. "Experimental Research on Just--World Theory: Problems, Developments, and Future Challenges". *Psychological Bulletin* 131, n° 1 (2005): pp. 128-67.
3. Jamal Carnette. "Salesforce's 3-Year Growth Streak Is More Impressive Than It Appears". Motley Fool, 5 jun. 2018. Disponível em: <https://www.fool.com/investing/2018/06/05/salesforces-3-year-growth-streak-is-more-impressiv.aspx>.
4. Dolly Chugh. *The Person You Mean to Be: How Good People Fight Bias*. Nova York: HarperCollins, 2018.
5. Angela Duckworth. *Grit: The Power of Passion and Perseverance*. Nova York: Scribner, 2016. [Ed. bras.: *Garra: o poder da paixão e da perseverança*. Rio de Janeiro: Intrínseca, 2016.]

6. Christopher J. Bryan, Carol S. Dweck, Lee Ross et al. "Political Mindset: Effects of Schema Priming on Liberal-Conservative Political Positions". *Journal of Experimental Social Psychology* 45, n° 4 (2009): pp. 890-5.
7. Ashley Shelby Rosette e Christy Zhou Koval. "Framing Advantageous Inequity with a Focus on Others: A Catalyst for Equity Restoration". *Journal of Experimental Social Psychology* 76 (maio 2018): pp. 283-9.
8. "Economic Diversity and Student Outcomes at Yale University". *New York Times*. Disponível em: <https://www.nytimes.com/interactive/projects/college-mobility/yale-university>.
9. Joanna Pearlstein. "The Schools Where Apple, Google, and Facebook Get Their Recruits". *Wired*, 22 maio 2014. Disponível em: <https://www.wired.com/2014/05/alumni-network-2/>.
10. Rose McGowan. *Brave*. Nova York: HarperCollins, 2018. [Ed. bras.: *Coragem*. Rio de Janeiro: HarperCollins, 2018.]
11. Stefanie K. Johnson, Ksenia Keplinger, Jessica F. Kirk e Liza Y. Barnes. "Has Sexual Harassment Declined at Work Since #Metoo". *Harvard Business Review*, 18 jul. 2019. Disponível em: <https://hbr.org/2019/07/has-sexual-harassment-at-work-decreased-since-metoo>; Ksenia Keplinger, Stefanie K. Johnson, Jessica F. Kirk e Liza Y. Barnes. "Women at Work: Changes in Sexual Harassment Between September 2016 and September 2018". *PloS ONE* 14, n° 7 (2019).
12. Sexual harassment backlash survey. Lean In, 2018. Disponível em: <https://leanin.org/sexual-harassment-backlash-survey-results>. W. B. Johnson, D. G. Smith. "Men Shouldn't Refuse to Be Alone with Female Colleagues". *Harvard Business Review*, 5 maio 2017. Disponível em: <https://hbr.org/2017/05/men-shouldnt-refuse-to-be-alone-with-female-colleagues>. C. Cain Miller. "Unintended Consequences of Sexual Harassment Scandals". *New York Times*, 9 out. 2017. Disponível em: <https://www.nytimes.com/2017/10/09/upshot/as-sexual-harassment-scandals-spook-men-it-can-backfire-for-women.html>.
13. Ronan Farrow. *Catch and Kill: Lies, Spies, and a Conspiracy to Protect Predators*. Nova York: Little, Brown, and Company, 2019. [Ed. bras.: *Operação abafa: predadores sexuais e a indústria do silêncio*. São Paulo: Todavia, 2019.]

14. Brandon N. Cline, Ralph A. Walkling e Adam S. Yore. "The Consequences of Managerial Indiscretions: Sex, Lies, and Firm Value". *Journal of Financial Economics* 127, nº 2 (2018): pp. 389-415.

Capítulo 4 | O Gerente Meritocrático

1. Devah Pager, Bart Bonikowski e Bruce Western. "Discrimination in a Low-Wage Labor Market: A Field Experiment". *American Sociological Review* 74, nº 5 (2009): pp. 777-99.
2. Shreyansh Bhatt, Manas Gaur, Beth Bullemer *et al*. "Enhancing Crowd Wisdom Using Explainable Diversity Inferred from Social Media". In: *2018 IEEE/WIC/ACM International Conference on Web Intelligence (WI)*. Santiago, Chile: IEEE, 2018: pp. 293-300.
3. Emilio J. Castilla e Stephen Benard. "The Paradox of Meritocracy in Organizations". *Administrative Science Quarterly* 55, nº 4 (2010): pp. 543-676.
4. Marsha B. Jacobson e Walter Koch. "Women as Leaders: Performance Evaluation as a Function of Method of Leader Selection". *Organizational Behavior and Human Performance* 20, nº 1 (1977): pp. 149-57.
5. Madeline E. Heilman, Caryn J. Block e Peter Stathatos. "The Affirmative Action Stigma of Incompetence: Effects of Performance Information Ambiguity". *Academy of Management Journal* 40, nº 3 (1997): pp. 603-25.
6. "Does the Media Influence How We Perceive Women in Leadership?". Rockefeller Foundation. Disponível em: <https://www.rockefellerfoundation.org/report/infographic-media-influence-perceive-women-leadership/>.
7. Tom Huddleston Jr. "You'd Be Smart to Buy Stock in Companies with Women on Their Boards". *Fortune*, 7 dez. 2015. Disponível em: <http://fortune.com/2015/12/07/female-board-directors-returns/>.
8. "Large-Cap Companies with at Least One Woman on the Board Have Outperformed Their Peer Group with No Women on the-Board by 26% over the Last Six Years, According to a Report by Credit Suisse

Research Institute". Credit Suisse, 31 jul. 2012. Disponível em: <https://www.credit-suisse.com/corporate/en/articles/media-releases/42035-201207.html>.
9. Marcus Noland, Tyler Moran e Barbara Kotschwar. "New Peterson Institute Research on over 21,000 Companies Globally Finds Women in Corporate Leadership Can Significantly Increase Profitability". Peterson Institute for International Economics, 8 fev. 2016. Disponível em: <https://www.piie.com/newsroom/press-releases/new-peterson-institute-research-over-21000-companies-globally-finds-women>.
10. Cristian L. Dezsö e David Gaddis Ross. "Does Female Representation in Top Management Improve Firm Performance? A Panel Data Investigation". *Strategic Management Journal* 33, n° 9 (2012): pp. 1072-89.
11. Vivian Hunt, Dennis Layton e Sara Prince. "Why Diversity Matters". McKinsey & Company, jan. 2015. Disponível em: <https://www.mckinsey.com/business-functions/organization/our-insights/why-diversity-matters>.
12. "Why It Pays to Invest in Gender Diversity". Morgan Stanley, 11 maio 2016. Disponível em: <http://www.morganstanley.com/ideas/gender-diversity-investment-framework>.
13. "Delivering Through Diversity". McKinsey & Company, jan. 2018. Disponível em: <https://www.mckinsey.com/~/media/McKinsey/Business%20Functions/Organization/Our%20Insights/Delivering%20through%20diversity/Delivering-through-diversity_full-report.ashx>.
14. Michael L. McDonald e James D. Westphal. "Access Denied: Low Mentoring of Women and Minority First-Time Directors and Its Negative Effects on Appointments to Additional Boards". *Academy of Management Journal* 56, n° 4 (2013): pp. 1169-98.
15. Malcolm Gladwell. *Blink: The Power of Thinking Without Thinking*. Nova York: Little Brown and Company, 2006. [Ed. bras.: *Blink: a decisão num piscar de olhos*. Rio de Janeiro: Sextante, 2016.]
16. Eric Luis Uhlmann e Geoffrey L. Cohen. "Constructed Criteria: Redefining Merit to Justify Discrimination". *Psychological Science* 16, n° 6 (2005): pp. 474-80.

Capítulo 5 | Estratégias de liderança para Gerentes Meritocráticos

1. Lauren Orsini. "Why GitHub's CEO Ditched Its Divisive 'Meritocracy' Rug". Business Insider, 24 jan. 2014. Disponível em: <https://www.businessinsider.com/githubs-ceo-ditches-meritocracy-rug-2014-1>.
2. Fast Company Staff. "Would the GitHub Debacle Happen at a Traditional Company?". Fast Company, 1º maio 2014. Disponível em: <https://www.fastcompany.com/3029962/would-the-github-debacle-happen-at-a-traditional-company>.
3. Michael L. McDonald e James D. Westphal. "Access Denied: Low Mentoring of Women and Minority First-Time Directors and Its Negative Effects on Appointments to Additional Boards". *Academy of Management Journal* 56, nº 4 (2013): pp. 1169-98.
4. Seung Ho Park e Michael E. Gordon. "Publication Records and Tenure Decisions in the Field of Strategic Management". *Strategic Management Journal* 17, nº 2 (1996): pp. 109-28.
5. Caroline O'Donovan. "The Woman Hired to Fix GitHub's Troubled Culture Is Leaving, and Employees Are Worried". BuzzFeed News, 14 jul. 2017. Disponível em: <https://www.buzzfeednews.com/article/carolineodonovan/an-executive-departure-at-github-reignites-employee>.
6. Sylvia Ann Hewlett, Melinda Marshall e Laura Sherbin. "How Diversity Can Drive Innovation". *Harvard Business Review*, dez. 2013. Disponível em: <https://hbr.org/2013/12/how-diversity-can-drive-innovation>.
7. Cedric Herring. "Does Diversity Pay?: Race, Gender, and the Business Case for Diversity". *American Sociological Review* 74, nº 2 (2009): pp. 208-24.
8. Christine Wennerås e Agnes Wold. "Nepotism and Sexism in PeerReview". *Nature* 7, nº 4 (maio 1997): pp. 46-52.
9. "Winning the Fight for Female Talent: How to Gain the Diversity Edge Through Inclusive Recruitment". PricewaterhouseCoopers. Disponível em: <https://www.pwc.com/femaletalent>.

10. Anne Fisher. "Note to Executives: Your Employees Are in the Dark". *Fortune*, 30 abr. 2013. Disponível em: <http://fortune.com/2013/04/30/note-to-executives-your-employees-are-in-the-dark/>.

11. "New Survey from Kimble: American Workers Care About the Well-Being of Their Employers Yet Lack Critical Insight into Business Performance". Kimble Applications, 16 nov. 2017. Disponível em: <https://www.kimbleapps.com/2017/11/new-survey-from-kimble-american-workers-care-about-the-well-being-of-their-employers-yet-lack-critical-insight-into-business-performance/>.

12. "Redefining Business Success in a Changing World: CEO Survey". PricewaterhouseCoopers, jan. 2016. Disponível em: <https://www.pwc.com/gx/en/ceo-survey/2016/landing-page/pwc-19th-annual-global-ceo-survey.pdf>.

13. Claire Armstrong, Patrick C. Flood, James P. Guthrie *et al*. "The Impact of Diversity and Equality Management on Firm Performance: Beyond High Performance Work Systems". *Human Resource Management* 49, n° 6 (2010): pp. 977-98.

14. Adam D. Galinsky, Andrew R. Todd, Astrid C. Homan *et al*. "Maximizing the Gains and Minimizing the Pains of Diversity: A Policy Perspective". *Perspectives on Psychological Science* 10, n° 6 (2015): pp. 742-8.

15. Andrew K. Schnackenberg e Edward C. Tomlinson. "Organizational Transparency: A New Perspective on Managing Trust in Organization-Stakeholder Relationships". *Journal of Management* 42, n° 7 (2016): pp. 1784-810.

16. Marjorie Armstrong-Stassen e Francine Schlosser. "Perceived Organizational Membership and Retention of Older Workers". *Journal of Organizational Behavior* 32, n° 2 (2011): pp. 319-44. Christina L. Stamper e Suzanne S. Masterson. "Insider or Outsider? How Employee Perceptions of Insider Status Affect Their Work Behavior". *Journal of Organizational Behavior* 23, n° 8 (2002): pp. 875-94.

17. Erik Larson. "How to Use Inclusive Decision-Making to Drive Innovation and Performance". Cloverpop, 19 jun. 2018. Disponível em:

<https://www.cloverpop.com/blog/how-to-use-inclusive-decision-making-to-drive-innovation-and-performance>.

18. Stephen M. R. Covey, com Rebecca R. Merrill. *The Speed of Trust: The One Thing That Changes Everything*. Nova York: Simon & Schuster, 2006. [Ed. bras.: *A velocidade da confiança: o elemento que faz toda a diferença*. Rio de Janeiro: Alta Books, 2017.]

Capítulo 6 | O Paladino da Cultura

1. Michael Klug e James P. Bagrow. "Understanding the Group Dynamics and Success of Teams". *Royal Society Open Science* 3, nº 4 (2016): 160007.
2. Katherine W. Phillips, Gregory B. Northcraft e Margaret A. Neale. "Surface-Level Diversity and Decision-Making in Groups: When Does Deep-Level Similarity Help?". *Group Processes & Intergroup Relations* 9, nº 4 (2006): pp. 467-82.
3. Jeffrey M. O'Brien. "The PayPal Mafia". *Fortune*, 13 nov. 2007. Disponível em: <https://fortune.com/2007/11/13/paypal-mafia/>. Tamsin McMahon. "What's Behind the Tech Industry's Toxic Masculinity Problem? Inside the Valley of the Bros". *The Globe and Mail*, 21 jul. 2017. Disponível em: <https://www.theglobeandmail.com/technology/toxic-masculinity-in-silicon-valley/article35759481/>.
4. Sarah E. Gaither, Evan P. Apfelbaum, Hannah J. Birnbaum *et al.* "Mere Membership in Racially Diverse Groups Reduces Conformity". *Social Psychological and Personality Science* 9, nº 4 (2018): pp. 402-10.
5. Michael Flood. "Australian Study Reveals the Dangers of 'Toxic Masculinity' to Men and Those Around Them". The Conversation, 15 out. 2018. Disponível em: <http://theconversation.com/australian-study-reveals-the-dangers-of-toxic-masculinity-to-men-and-those-around-them-104694>.
6. Julie Creswell e Kevin Draper. "5 More Nike Executives Are Out Amid Inquiry into Harassment Allegations". *New York Times*, 8 maio 2018. Disponível em: <https://www.nytimes.com/2018/05/08/business/nike-harassment.html>. Chavie Lieber. "Did Nike's 'Frat Boy Culture' Lead to the Departures of Two Executives?". Racked, 16 mar. 2018. Disponível em: <https://www.racked.

com/2018/3/16/17129110/nike-trevor-edwards-workplace-misconduct>. "Nike Accused of 'Pattern' of Racial Discrimination in New Lawsuit". The Fashion Law, 22 mar. 2019. Disponível em: <http://www.thefashionlaw.com/home/nike-accused-of-pattern-of-racial-discrimination-in-new-lawsuit>.

7. Sridhar Natarajan e Gillian Tan. "A Credit Suisse Banker, an Intern and a Reckoning for Wall Street Culture". *The Australian Financial Review Magazine*, 12 jul. 2018. Disponível em: <https://www.afr.com/work-and-careers/management/a-credit-suisse-banker-an-intern-and-a-reckoning-for-wall-street-culture-20180712-h12l2v>.

8. Ben Child. "Disgraced Banker Jordan Belfort: Wolf of Wall Street Is a 'Cautionary Tale'". *The Guardian*, 22 jan. 2014. Disponível em: <https://www.theguardian.com/film/2014/jan/22/jordan-belfort-wolf-of-wall-street-depiction>.

9. Vladas Griskevicius, Michelle N. Shiota e Samantha L. Neufeld. "Influence of Different Positive Emotions on Persuasion Processing: A Functional Evolutionary Approach". *Emotion* 10, n° 2 (2010): pp. 190-206.

10. Khadeeja Safdar. "Under Armour's #MeToo Moment: No More Strip Clubs on Company Dime". *Wall Street Journal*, 5 nov. 2018. Disponível em: <https://www.wsj.com/articles/under-armours-metoo-moment-no-more-strip-clubs-on-company-dime-1541450209>.

11. Emily Chang. *Brotopia: Breaking Up the Boys' Club of Silicon Valley*. Nova York: Portfolio/Penguin, 2019. [Ed. bras.: *Manotopia: como o Vale do Silício tornou-se um clubinho machista*. Rio de Janeiro: Alta Books, 2019.]

12. Sarah J. Gervais, Theresa K. Vescio e Jill Allen. "When What You See Is What You Get: The Consequences of the Objectifying Gaze for Women and Men". *Psychology of Women Quarterly* 35, n° 1 (2011): pp. 5-17. Sarah J. Gervais, Theresa K. Vescio, Jens Förster *et al.* "Seeing Women as Objects: The Sexual Body Part Recognition Bias". *European Journal of Social Psychology* 42, n° 6 (2012): pp. 743-53.

13. Bethany L. Peters e Edward Stringham. "No Booze? You May Lose: Why Drinkers Earn More Money than Nondrinkers". *Journal of Labor Research* 27, n° 3 (2006): pp. 411-21.

14. Paul Bradley Carr. "'We Call That Boob-er:' The Four Most Awful Things Travis Kalanick Said in His *GQ* Profile". Pando, 27 fev. 2014. Disponível em: <https://pando.com/2014/02/27/we-call-that-boob-er-the-four-most-awful-things-travis-kalanick-said-in-his-gq-profile/>.
15. Johana Bhuiyan. "With Just Her Words, Susan Fowler Brought Uber to Its Knees". Vox, 6 dez. 2017. Disponível em: <https://www.vox.com/2017/12/6/16680602/susan-fowler-uber-engineer-recode-100-diversity-sexual-harassment>.
16. Hayley Tsukayama. "Uber Founder Travis Kalanick Sued, Accused of Fraud". *Washington Post*, 10 ago. 2017. Disponível em: <https://www.washingtonpost.com/news/the-switch/wp/2017/08/10/uber-founder-travis-kalanick-sued-for-fraud/>.

Capítulo 7 | Estratégias de liderança para Paladinos da Cultura

1. Benjamin Edelman, Michael Luca e Dan Svirsky. "Racial Discrimination in the Sharing Economy: Evidence from a Field Experiment". *American Economic Journal: Applied Economics* 9, n° 2 (2017): pp. 1-22.
2. Jordan Lebeau. "Racial Discrimination Suit Against Airbnb Should Be Settled by Private Arbitration, Says Federal Judge". *Forbes*, 2 nov. 2016. Disponível em: <https://www.forbes.com/sites/jordanlebeau/2016/11/02/racial-discrimination-suit-against-airbnb-should-be-settled-by-private-arbitration-says-federal-judge/#456f6a4214b7>.
3. Olivia Solon. "Airbnb Host Who Canceled Reservation Using Racist Comment Must Pay $5,000". *The Guardian*, 13 jul. 2017. Disponível em: <https://www.theguardian.com/technology/2017/jul/13/airbnb-california-racist-comment-penalty-asian-american>.
4. "How Airbnb Is Building Its Culture Through Belonging". Culture Amp. Disponível em: <https://blog.cultureamp.com/how-airbnb-is-building-its-culture-through-belonging>.
5. Cristian L. Dezsö e David Gaddis Ross. "Does Female Representation in Top Management Improve Firm Performance? A Panel Data Investigation". *Strategic Management Journal* 33, n° 9 (2012): pp. 1072-89.

6. Orlando Richard, Amy McMillan, Ken Chadwick e Sean Dwyer. "Employing an Innovation Strategy in Racially Diverse Workforces: Effects on Firm Performance". *Group & Organization Management* 28, nº 1 (2003): pp. 107-126.
7. Richard C. Mayer, Richard S. Warr e Jing Zhao. "Do Pro-Diversity Policies Improve Corporate Innovation?". *Financial Management* 47, nº 3 (2018): pp. 617-50.
8. Katherine W. Phillips, Katie A. Liljenquist e Margaret A. Neale. "Is the Pain Worth the Gain? The Advantages and Liabilities of Agreeing with Socially Distinct Newcomers". *Personality and Social Psychology Bulletin* 35, nº 3 (2009): pp. 336-50.
9. Katherine W. Phillips. "How Diversity Makes Us Smarter". *Scientific American* 311, nº 4 (2014): pp. 43-7.
10. Denise Lewin Loyd, Cynthia S. Wang, Katherine W. Phillips e Robert B. Lount Jr. "Social Category Diversity Promotes Premeeting Elaboration: The Role of Relationship Focus". *Organization Science* 24, nº 3 (2013): pp. 757-72.
11. Darrell G. Kirch, R. Kevin Grigsby, Wayne W. Zolko *et al*. "Reinventing the Academic Health Center". *Academic Medicine* 80, nº 11 (2005): pp. 980-9.

Capítulo 8 | O Team Player

1. Shinsuke Eguchi. "Negotiating Hegemonic Masculinity: The Rhetorical Strategy of 'Straight-Acting' Among Gay Men". *Journal of Intercultural Communication Research* 38, nº 3 (2009): pp. 193-209.
2. Belle Derks, Colette Van Laar e Naomi Ellemers. "The Queen Bee Phenomenon: Why Women Leaders Distance Themselves from Junior Women". *The Leadership Quarterly* 27, nº 3 (2016): pp. 456-69.
3. Rosabeth Moss Kanter. "Some Effects of Proportions on Group Life: Skewed Sex Ratios and Responses to Token Women". *American Journal of Sociology* 82, nº 5 (1977): pp. 965-90.
4. Steve Harvey. *Act Like a Lady, Think Like a Man: What Men Really Think About Love, Relationships, Intimacy, and Commitment*. Nova York: Harper, 2009. [Ed. bras.: *Comporte-se como uma dama, pense como um homem: o que*

eles realmente pensam sobre amor, intimidade e compromisso. Rio de Janeiro: Ediouro, 2010.]

5. Sheryl Sandberg. *Lean In: Women, Work and the Will to Lead*. Nova York, Random House, 2015: pp. 137-9. [Ed. bras.: *Faça acontecer: mulheres, trabalho e a vontade de liderar*. São Paulo: Companhia das Letras, 2013.]

6. Stefanie K. Johnson, Susan Elaine Murphy, Selamawit Zewdie e Rebecca J. Reichard. "The Strong, Sensitive Type: Effects of Gender Stereotypes and Leadership Prototypes on the Evaluation of Male and Female Leaders". *Organizational Behavior and Human Decision Processes* 106, n° 1 (2008): pp. 39-60.

7. Leah D. Sheppard e Karl Aquino. "Much Ado About Nothing? Observers' Problematization of Women's Same-Sex Conflict at Work". *Academy of Management Perspectives* 27, n° 1 (2013): pp. 52-62.

8. Shona Ghosh. "Apple's First Diversity Boss Is Leaving – Not Long After Making Controversial Remarks About White Men". Business Insider, 17 nov. 2017. Disponível em: <https://www.businessinsider.com/apple-diversity-vp-denise-young-smith-comments-white-men-2017-11>.

9. Claude M. Steele. "Stereotyping and Its Threat Are Real". *American Psychologist* 53, n° 6 (1998): pp. 680-1.

10. Crystal L. Hoyt, Stefanie K. Johnson, Susan Elaine Murphy e Kerri Hogue Skinnell. "The Impact of Blatant Stereotype Activation and Group Sex-Composition on Female Leaders". *The Leadership Quarterly* 21, n° 5 (2010): pp. 716-32.

11. Madeline E. Heilman, Michael C. Simon e David P. Repper. "Intentionally Favored, Unintentionally Harmed? Impact of Sex-Based Preferential Selection on Self-Perceptions and Self-Evaluations". *Journal of Applied Psychology* 72, n° 1 (1987): pp. 62-8.

12. Carol S. Dweck. *Mindset: The New Psychology of Success*. Nova York: Random House, 2006. [Ed. bras.: *Mindset: a nova psicologia do sucesso*. Rio de Janeiro: Objetiva, 2017.]

13. Judith M. Harackiewicz e Stacy J. Priniski. "Improving Student Outcomes in Higher Education: The Science of Targeted Intervention". *Annual Review of Psychology* 69 (2018): pp. 409-35.

14. Alison M. Konrad, Vicki Kramer e Sumru Erkut. "The Impact of Three or More Women on Corporate Boards". *Organizational Dynamics* 37, nº 2 (2008): pp. 145-64.
15. Edward H. Chang, Katherine L. Milkman, Dolly Chugh e Modupe Akinola. "Diversity Thresholds: How Social Norms, Visibility, and Scrutiny Relate to Group Composition". *Academy of Management Journal* 62, nº 1 (2019): pp. 144-71.
16. Annamarie Houlis. "70% of Female Executives Feel Bullied by Women—Here's How to Stop It". Ladders, 20 set. 2018. Disponível em: <https://www.theladders.com/career-advice/70-of-women-feel-bullied-by-female-colleagues-heres-how-to-stop-it>.
17. Staale Einarsen, Helge Hoel e Guy Notelaers. "Measuring Exposure to Bullying and Harassment at Work: Validity, Factor Structure and Psychometric Properties of the Negative Acts Questionnaire-Revised". *Work & Stress*, 23, nº 1 (2009): pp. 24-44.
18. Sridhar Natarajan e Gillian Tan. "A Credit Suisse Banker, an Intern and a Reckoning for Wall Street Culture". *The Australian Financial Review Magazine*, 12 jul. 2018. Disponível em: <https://www.afr.com/work-and-careers/management/a-credit-suisse-banker-an-intern-and-a-reckoning-for-wall-street-culture-20180712-h12l2v>.
19. Adam Grant. *Give and Take: A Revolutionary Approach to Success*. Nova York: Viking, 2013. [Ed. bras.: *Dar e receber: uma abordagem revolucionária sobre sucesso, generosidade e influência*. Rio de Janeiro: Sextante, 2014.]

Capítulo 9 | Estratégias de liderança para Team Players

1. "Marissa Mayer". Makers. Disponível em: <https://www.youtube.com/watch?v=yTv2W7nP07U>.
2. Nicole Lyn Pesce. "Marissa Mayer Bans Telecommuting at Yahoo! and Becomes the Mother of Dissension". *New York Daily News*, 4 mar. 2013. Disponível em: <https://www.nydailynews.com/life-style/n-y-moms-react-yahoo-ban-telecommuting-article-1.1277492>.
3. Lara O'Reilly. "Female Tech CEO: Marissa Mayer's View on Gender 'Sets Us Back'". Business Insider, 9 mar. 2015. Disponível em: <https://

www.businessinsider.com/sama-group-ceo-leila-janah-criticizes-marissa-mayers-view-on-gender-in-the-workplace-2015-3>.

4. Matt Weinberger. "The Rise and Fall of Marissa Mayer, from the Once-Beloved CEO of Yahoo to a $4.48 Billion Sale to Verizon". Business Insider, 13 jun. 2017. Disponível em: <https://www.businessinsider.com/yahoo-marissa-mayer-rise-and-fall-2017-6>.

5. "980 Middlefield Road: Prescreening for PC Amendment". City Council Staff Report, City of Palo Alto. Disponível em: <https://www.cityofpaloalto.org/civicax/filebank/documents/66766>.

6. Samantha Murphy Kelly. "Marissa Mayer–Backed Startup Wants $5,000 a Year for a VIP Family Playspace". CNN Business, 9 maio 2019. Disponível em: <https://www.cnn.com/2019/05/09/tech/the-wonder/index.html>.

7. Charles Duhigg. "What Google Learned from Its Quest to Build the Perfect Team". *The New York Times Magazine*, 25 fev. 2016. Disponível em: <https://www.nytimes.com/2016/02/28/magazine/what-google-learned-from-its-quest-to-build-the-perfect-team.html>.

8. Amy Edmondson. "Psychological Safety and Learning Behavior in Work Teams". *Administrative Science Quarterly* 44, n° 2 (1999): pp. 350-83.

9. Ingrid M. Nembhard e Amy C. Edmondson. "Making It Safe: The Effects of Leader Inclusiveness and Professional Status on Psychological Safety and Improvement Efforts in Health Care Teams". *Journal of Organizational Behavior* 27, n° 7 (2006): pp. 941-66.

10. John M. Darley e Bibb Latané. "Bystander Intervention in Emergencies: Diffusion of Responsibility". *Journal of Personality and Social Psychology* 8, n° 4 (1968): pp. 377-83.

11. Bibb Latané e John M. Darley. "Group Inhibition of Bystander Intervention in Emergencies". *Journal of Personality and Social Psychology* 10, n° 3 (1968): pp. 215.

12. Brigid Schulte. "To Combat Harassment, More Companies Should Try Bystander Training". *Harvard Business Review*, 31 out. 2018. Disponível em: <https://hbr.org/2018/10/to-combat-harassment-more-companies-should-try-bystander-training>.

13. "More Than 2/3 of Women Feel Bullied by Female Colleagues— Here's How to Stop It". GirlTalkHQ, 16 out. 2018. Disponível em: <https://girltalkhq.com/more-than-2-3-of-women-feel-bullied-by-female-colleagues-heres-how-to-stop-it/>.

Capítulo 10 | O Cavaleiro Branco

1. Alexander M. Czopp, Aaron C. Kay e Sapna Cheryan. "Positive Stereotypes Are Pervasive and Powerful". *Perspectives on Psychological Science* 10, n° 4 (2015): pp. 451-63.
2. Ibid.
3. Stefanie K. Johnson, Susan Elaine Murphy, Selamawit Zewdie e Rebecca J. Reichard. "The Strong, Sensitive Type: Effects of Gender Stereotypes and Leadership Prototypes on the Evaluation of Male and Female Leaders". *Organizational Behavior and Human Decision Processes* 106, n° 1 (2008): pp. 39-60.
4. Juan M. Madera, Michelle R. Hebl e Randi C. Martin. "Gender and Letters of Recommendation for Academia: Agentic and Communal Differences". *Journal of Applied Psychology* 94, n° 6 (2009): pp. 1591-9.
5. Joseph Zajda. "Research on Discrimination and Self-Fulfilling Prophecy in Schools Globally". *Education and Society* 37, n° 1 (2019): pp. 59-77.
6. Debra L. Oswald, Maha Baalbaki e Mackenzie Kirkman. "Experiences with Benevolent Sexism: Scale Development and Associations with Women's Well-Being". *Sex Roles* 80, n° 5-6 (2019): pp. 362-80.
7. Aarti Ramaswami, George F. Dreher, Robert Bretz e Carolyn Wiethoff. "Gender, Mentoring, and Career Success: The Importance of Organizational Context". *Personnel Psychology* 63, n° 2 (2010): pp. 385-405.
8. Liz Wiseman. *Rookie Smarts: Why Learning Beats Knowing in the New Game of Work*. Nova York: Harper Business, 2014.
9. "Tool: Optimizing Mentoring Programs for Women of Color". Catalyst, 5 dez. 2012. Disponível em: <https://www.catalyst.org/research/optimizing-mentoring-programs-for-women-of-color/>.
10. "The Sponsor Dividend". Center for Talent Innovation, 2019. Disponí-

vel em: <https://ww.talentinnovation.org/_private/assets/TheSponsorDividend_KeyFindingsCombined-CTI.pdf>.

Capítulo 11 | Estratégias de liderança para Cavaleiros Brancos

1. Christine E. Carmichael e Maureen H. McDonough. "Community Stories: Explaining Resistance to Street Tree-Planting Programs in Detroit, Michigan, USA". *Society & Natural Resources* 32, n° 5 (2019): pp. 588-605.
2. Clayton M. Christensen, Efosa Ojomo e Karen Dillon. *The Prosperity Paradox: How Innovation Can Lift Nations Out of Poverty*. Nova York: Harper Business, 2019. [Ed. bras.: *O paradoxo da prosperidade: como a inovação é capaz de tirar nações da pobreza*. Rio de Janeiro: Alta Books, 2019.]
3. Carmichael e McDonough. "Community Stories".
4. Matt Krentz, Olivier Wierzba, Katie Abouzahr *et al.* "Five Ways Men Can Improve Gender Diversity at Work". Boston Consulting Group, 10 out. 2017. Disponível em: <https://www.bcg.com/en-us/publications/2017/people-organization-behavior-culture-five-ways-men-improve-gender-diversity-work.aspx>.
5. Richard P. Eibach e Thomas Keegan. "Free at Last? Social Dominance, Loss Aversion, and White and Black Americans' Differing Assessments of Racial Progress". *Journal of Personality and Social Psychology* 90, n° 3 (2006): pp. 453-67. Richard P. Eibach e Joyce Ehrlinger. "'Keep Your Eyes on the Prize': Reference Points and Racial Differences in Assessing Progress Toward Equality". *Personality and Social Psychology Bulletin* 32, n° 1 (2006): pp. 66-77. Michael L. McDonald e James D. Westphal. "Access Denied: Low Mentoring of Women and Minority First-Time Directors and Its Negative Effects on Appointments to Additional Boards". *Academy of Management Journal* 56, n° 4 (2013): pp. 1169-98.
6. "On Pay Gap, Millennial Women Near Parity – for Now". Pew Research Center, 11 dez. 2013. Disponível em: <https://www.pewsocialtrends.org/2013/12/11/on-pay-gap-millennial-women-near-parity-for-now/>.

7. Daniel Goleman. *Emotional Intelligence* (Nova York: Bantam Books, 1995. [Ed. bras.: *Inteligência emocional: a teoria revolucionária que redefine o que é ser inteligente*. Rio de Janeiro: Objetiva, 1996.]
8. Phil Plait. "#YesAllWomen". Slate, 27 maio 2014. Disponível em: <https://slate.com/technology/2014/05/not-all-men-how-discussing-womens-issues-gets-derailed.html>.
9. Albert Bandura. "Social-Learning Theory of Identificatory Processes". In: *Handbook of Socialization Theory and Research*, ed. D. A. Goslin. Chicago: Rand McNally, 1969: pp. 213-62.
10. Robert Rosenthal e Lenore Jacobson. "Pygmalion in the Classroom". *The Urban Review* 3, n° 1 (1968): pp. 16-20.
11. Dov Eden e Abraham B. Shani. "Pygmalion Goes to Boot Camp: Expectancy, Leadership, and Trainee Performance". *Journal of Applied Psychology* 67, n° 2 (1982): pp. 194-9.
12. Paul Whiteley, Thomas Sy e Stefanie K. Johnson. "Leaders' Conceptions of Followers: Implications for Naturally Occurring Pygmalion Effects". *The Leadership Quarterly* 23, n° 5 (2012): pp. 822-34.
13. Linda Babcock, Maria P. Recalde, Lise Vesterlund e Laurie Weingart. "Gender Differences in Accepting and Receiving Requests for Tasks with Low Promotability". *American Economic Review* 107, n° 3 (2017): pp. 714-47.
14. Joan C. Williams e Marina Multhaup. "For Women and Minorities to Get Ahead, Managers Must Assign Work Fairly". *Harvard Business Review*, 5 mar. 2018. Disponível em: <https://hbr.org/2018/03/for-women-and-minorities-to-get-ahead-managers-must-assign-work-fairly>.
15. Ibid.
16. Madeline E. Heilman e Julie J. Chen. "Same Behavior, Different Consequences: Reactions to Men's and Women's Altruistic Citizenship Behavior". *Journal of Applied Psychology* 90, n° 3 (2005): pp. 431-41.

Capítulo 12 | O Pastor

1. Maw-Der Foo, David R. Hekman, Stefanie K. Johnson e Wei Yang. "Does Diversity-Valuing Behavior Result in Diminished Performance

Ratings for Non-White and Female Leaders?". *Academy of Management Journal* 60, nº 2 (2017): pp. 771-97.
2. James Damore, David Gudeman, Manual Amador, Stephen McPherson e Michael Burns, individually and on behalf of all others similarly situated, Plaintiffs, v. Google, LLC, a Delaware limited liability company; and DOES 1-10, Defendants, Superior Court of California, 18 abr. 2018. Disponível em: <https://www.dhillonlaw.com/wp-content/uploads/2018/04/20180418-Damore-et-al.-v.-Google-FAC_Endorsed.pdf>, p. 52.
3. Stefanie K. Johnson. "What the Science Actually Says About Gender Gaps in the Workplace". *Harvard Business Review*, 17 ago. 2017. Disponível em: <https://hbr.org/2017/08/what-the-science-actually-says-about-gender-gaps-in-the-workplace>.
4. Grace Donnelly. "Survey Confirms What Diversity Professionals Have Long Suspected: People Think Inclusion in the Workplace Hurts White Men". *Fortune*, 28 set. 2017. Disponível em: <https://fortune.com/2017/09/28/survey-diversity-hurts-white-men/>.
5. Stacy Jones. "White Men Account for 72% of Corporate Leadership at 16 of the Fortune 500 Companies". *Fortune*, 9 jun. 2017. Disponível em: <http://fortune.com/2017/06/09/white-men-senior-executives-fortune-500-companies-diversity-data/>.
6. Jonathan Howard. "Confirmation Bias, Motivated Cognition, the Backfire Effect". In: *Cognitive Errors and Diagnostic Mistakes*. Cham, Suíça: Springer, 2019: pp. 57-8.
7. Ian M. Handley, Elizabeth R. Brown, Corinne A. Moss-Racusin e Jessi L. Smith. "Quality of Evidence Revealing Subtle Gender Biases in Science Is in the Eye of the Beholder". *Proceedings of the National Academy of Sciences of the United States of America* 112, nº 43 (2015): pp. 13201-6.
8. Peter G. Roma, Alan Silberberg, Angela M. Ruggiero e Stephen J. Suomi. "Capuchin Monkeys, Inequity Aversion, and the Frustration Effect". *Journal of Comparative Psychology* 120, nº 1 (2006): pp. 67-73.
9. Sally Ann Hewlett, Ripa Rashid e Laura Sherbin. "When Employees Think the Boss Is Unfair, They're More Likely to Disengage and

Leave". *Harvard Business Review*, 1 ago. 2017. Disponível em: <https://hbr.org/2017/08/when-employees-think-the-boss-is-unfair-theyre-more-likely-to-disengage-and-leave>.

10. Brenda Major, Alison Blodorn e Gregory Major Blascovich. "The Threat of Increasing Diversity: Why Many White Americans Support Trump in the 2016 Presidential Election". *Group Processes & Intergroup Relations* 21, n° 6 (2018): pp. 931-40.

11. Michael L. McDonald, Gareth D. Keeves e James D. Westphal. "One Step Forward, One Step Back: White Male Top Manager Organizational Identification and Helping Behavior Toward Other Executives Following the Appointment of a Female or Racial Minority CEO". *Academy of Management Journal* 61, n° 2 (2018): pp. 405-39.

Capítulo 13 | Estratégias de liderança para Pastores

1. Jo Wallace. "What Marketing Agencies Can Do Right Now to Make Diversity More than Just Talk". *The Drum*, 7 dez. 2017. Disponível em: <https://www.thedrum.com/opinion/2017/12/07/what-marketing-agencies-can-do-right-now-make-diversity-more-just-talk>.

2. Jim Edwards. "5 Male Ad Execs Are Considering a Discrimination Claim After Their Gay Female Boss Said She Would 'Obliterate' Her Company's Reputation as a Haven for Straight, White Men". Business Insider, 17 nov. 2018. Disponível em: <https://www.businessinsider.com/jwt-jo-wallace-straight-white-men-consider-a-discrimination-claim-2018-11>.

3. "When Women Thrive: An Evidence Based Approach to Diversity and Inclusion". Mercer. Disponível em: <https://www.mercer.com/our-thinking/when-women-thrive.html>.

4. Chuck Shelton e David A. Thomas. "The Study on White Men Leading Through Diversity & Inclusion: Results Report". Greatheart Leader Labs, fev. 2013. Disponível em: <http://www.whitemensleadershipstudy.com/pdf/WMLS%20Results%20Report.pdf>.

5. Ann Friedman. "Shine Theory: Why Powerful Women Make the Grea-

test Friends". *The Cut*, 31 maio 2013. Disponível em: <https://www.thecut.com/2013/05/shine-theory-how-to-stop-female-competition.html>.
6. Chimamanda Ngozi Adichie. "The Danger of a Single Story", TED Talk, jul. 2009. Disponível em: <https://www.ted.com/talks/chimamanda_ngozi_adichie_the_danger_of_a_single_story/transcript?language=en>.
7. George Yancy. *Look, a White!: Philosophical Essays on Whitenesss*. Filadélfia: Temple University Press, 2012.
8. Blythe Roberson. *How to Date Men When You Hate Men*. Nova York: Flatiron Books, 2019. [Ed. bras.: *Como sair com homens quando você odeia homens: o guia de uma garota hétero para namoro em tempos feministas*. Rio de Janeiro: Galera, 2020.]
9. Dee Dee Myers. *Why Women Should Rule the World*. Nova York: Harper, 2008.

Capítulo 14 | O Otimista

1. Dan Ariely. *Predictably Irrational: The Hidden Forces That Shape Our Decisions*. Nova York: Harper, 2008. [Ed. bras.: *Previsivelmente irracional: as forças invisíveis que nos levam a tomar decisões erradas*. Rio de Janeiro: Sextante, 2020.]
2. Terri Imbarlina Patak. "Ask the Legal: Do Employers Have to Pay Employees for Smoke Breaks?". Dickie, McCamey & Chilcote, P.C. Disponível em: <https://www.dmclaw.com/events-media/do-employers-have-to-pay-employees-for-smoke-breaks/>.
3. HaloCigs. "You Won't Believe The Staggering Amount of Time Wasted on Workplace Smoke Breaks". Ladders, 1º mar. 2018. Disponível em: <https://www.theladders.com/career-advice/you-wont-believe-the-staggering-amount-of-time-wasted-on-workplace-smoke-breaks>.
4. Amanda Glenn. "What You Need to Know About Pumping at Work Laws". Exclusive Pumping, 15 maio 2019. Disponível em: <https://exclusivepumping.com/pumping-at-work-laws/>.
5. Heather Stockton e Juliet Bourke. "From Diversity to Inclusion: Shift from Compliance to Diversity as a Business Strategy". Deloitte, 2019.

Disponível em: <https://www2.deloitte.com/global/en/pages/human-capital/articles/diversity-to-inclusion.html>.
6. Lisa H. Nishii. "The Benefits of Climate for Inclusion for Gender-Diverse Groups". *Academy of Management Journal* 56, nº 6 (2013): pp. 1754-74.
7. Josh Bersin. "Why Companies Fail to Engage Today's Workforce: The Overwhelmed Employee". *Forbes*, 15 mar. 2014. Disponível em: <https://www.forbes.com/sites/joshbersin/2014/03/15/why-companies-fail-to-engage-todays-workforce-the-overwhelmed-employee/#-65281ca44726>.
8. Christie Smith e Stephanie Turner. "The Radical Transformation of Diversity and Inclusion: The Millennial Influence". Deloitte, 2015. Disponível em: <https://www2.deloitte.com/content/dam/Deloitte/us/Documents/about-deloitte/us-inclus-millennial-influence-120215.pdf>.
9. Bersin. "Why Companies Fail to Engage Today's Workforce".
10. "Diversity, Equity and Inclusion". William and Flora Hewlett Foundation. Disponível em: <https://hewlett.org/diversity-equity-inclusion/>.
11. Juliet Bourke e Andrea Espedido. "Why Inclusive Leaders Are Good for Organizations and How to Become One". *Harvard Business Review*, 29 mar. 2019. Disponível em: <https://hbr.org/2019/03/why-inclusive-leaders-are-good-for-organizations-and-how-to-become-one>.
12. Bersin. "Why Companies Fail to Engage Today's Workforce".

Capítulo 15 | Estratégias de liderança para Otimistas

1. "#BrandsGetReal: Championing Change in the Age of Social Media". Sprout Social, 9 jan. 2018. Disponível em: <https://sproutsocial.com/insights/data/championing-change-in-the-age-of-social-media/>.
2. Edwin A. Locke e Gary P. Latham. "New Directions in Goal-Setting Theory". *Current Directions in Psychological Science* 15, nº 5 (2006): pp. 265-8.
3. Emilio J. Castilla. "Accounting for the Gap: A Firm Study Manipulating Organizational Accountability and Transparency in Pay Decisions". *Organization Science* 26, nº 2 (2015): pp. 311-33.

4. Stefanie K. Johnson, David R. Hekman e Elsa T. Chan. "If There's Only One Woman in Your Candidate Pool, There's Statistically No Chance She'll Be Hired". *Harvard Business Review*, 26 abr. 2016. Disponível em: <https://hbr.org/2016/04/if-theres-only-one-woman-in-your-candidate-pool-theres-statistically-no-chance-shell-be-hired>.
5. Jennifer Mogeland. "PepsiCo's Billion-Dollar Commitment". Hispanic Executive, 26 set. 2012. Disponível em: <https://hispanicexecutive.com/pepsicos-billion-dollar-commitment/>.
6. Christie Smith e Stephanie Turner. "The Radical Transformation of Diversity and Inclusion: The Millennial Influence". Deloitte. Disponível em: <https://www2.deloitte.com/content/dam/Deloitte/us/Documents/about-deloitte/us-inclus-millennial-influence-120215.pdf>.
7. Holly Schroth. "Are You Ready for Gen Z in the Workplace?". *California Management Review* 61, n° 3 (2019): pp. 5-18.
8. Darnell Hunt, Ana-Christina Ramón, Michael Tran *et al.* "Hollywood Diversity Report 2018: Five Years of Progress and Missed Opportunities". UCLA College of Social Sciences. Disponível em: <https://socialsciences.ucla.edu/wp-content/uploads/2018/02/UCLA-Hollywood-Diversity-Report-2018-2-27-18.pdf>.
9. Patrick Hipes. "'Grey's Anatomy' Scrubbing In for Record-Breaking Episode This Week". Deadline, 26 fev. 2019. Disponível em: <https://deadline.com/2019/02/greys-anatomy-episode-history-medical-drama-record-abc-1202565863/#!>.
10. Hunt *et al.* "Hollywood Diversity Report 2018".
11. Venkat Kuppuswamy e Peter Younkin. "Testing the Theory of Consumer Discrimination as an Explanation for the Lack of Minority Hiring in Hollywood Films". *Management Science* (no prelo).

Capítulo 16 | Minha jornada inclusificadora

1. David A. M. Peterson, Lori A. Biederman, David Andersen *et al.* "Mitigating Gender Bias in Student Evaluations of Teaching". *PLoS ONE* 14, n° 5 (2019): e0216241.

Sobre a autora

Stefanie K. Johnson é autora, professora e palestrante especializada na interseção entre liderança e diversidade, com forte ênfase no impacto de vieses inconscientes sobre a forma como os líderes avaliam os liderados e nas estratégias para mitigar esses preconceitos. É membro da rede MG 100 Coaches e trabalha com grandes empresas do mundo todo para desenvolver líderes mais inclusivos. Johnson tem uma vasta experiência em consultoria e criou e ministrou cursos de formação de lideranças com ênfase em práticas baseadas em evidências.

Professora associada da Leeds School of Business (Universidade de Colorado em Boulder), ministra disciplinas focadas em liderança e inclusão em cursos de graduação e pós-graduação. Para levar seu trabalho a um público ainda maior, já deu dois cursos na plataforma LinkedIn Learning sobre como as empresas podem aumentar a diversidade e a inclusão. Recebeu 3,8 milhões de dólares em recursos externos para pesquisas sobre liderança e a criação de programas de formação de lideranças. Seu curso sobre liderança em segurança foi adotado pela OSHA 30 e somou mais de 70 mil matriculados só nos dois primeiros anos. Pesquisadora prolífica, já publicou 60 textos, entre artigos e capítulos de livros, nos periódicos Journal of Applied Psychology e The Academy of Management Journal.

Colabora com frequência com a Harvard Business Review e é presença constante no circuito de palestras. Já apresentou seu trabalho em mais de 170 eventos no mundo todo, incluindo em uma cúpula na Casa Branca em 2016 sobre diversidade em empresas americanas nas comemorações do Dia da Igualdade Salarial nos Estados Unidos. O trabalho de Johnson já foi destaque em veículos como Economist, Newsweek, Time, Wall Street Journal, Bloomberg, HuffPost, Washington Post, Quartz, Discover, CNN, ABC, NBC, CNBC. Já fez aparições na Fox, ABC, NBC, CNN e CNN International.

Johnson vive em Boulder (Colorado) com o marido, um professor de biologia, dois filhos pequenos e dois gatinhos idosos.